New Quality Education
A New Perspective on High Quality Development
of Vocational Colleges

新质教育

高职院校高质量发展新视野

陈少金 著

浙江工商大学 出版社
ZHEJIANG GONGSHANG UNIVERSITY PRESS
·杭州·

图书在版编目（CIP）数据

新质教育：高职院校高质量发展新视野 / 陈少金著.

杭州：浙江工商大学出版社，2024.6. -- ISBN 978-7

-5178-6092-1

Ⅰ. G718.5

中国国家版本馆 CIP 数据核字第 2024RS3332 号

新质教育:高职院校高质量发展新视野

XINZHI JIAOYU:GAOZHI YUANXIAO GAO ZHILIANG FAZHAN XIN SHIYE

陈少金 著

策划编辑	陈力杨
责任编辑	鲁燕青
责任校对	韩新严
封面设计	张　瑜
责任印制	包建辉
出版发行	浙江工商大学出版社
	（杭州市教工路 198 号　邮政编码 310012）
	（E-mail:zjgsupress@163.com）
	（网址:http://www.zjgsupress.com）
	电话:0571 - 88904980,88831806(传真)
排　　版	杭州朝曦图文设计有限公司
印　　刷	杭州捷派印务有限公司
开　　本	710mm×1000mm　1/16
印　　张	14
字　　数	201 千
版 印 次	2024 年 6 月第 1 版　2024 年 6 月第 1 次印刷
书　　号	ISBN 978-7-5178-6092-1
定　　价	58.00 元

基金项目

1.2024 年度浙江省哲学社会科学规划"省市合作"课题"浙江省现代产业学院高质量发展的驱动机制及路径设计"(24SSHZ030YB)

2.中华职业教育社 2023 年度规划委托课题"基于全人教育的高职学生自信心培养模型构建"(ZJS2023ZD15)

3.2022 年浙江省中华职业教育科研项目"基于工匠精神的高职'全人教育'实现路径研究"(ZJCV2022A27)

4.2021 年第一届黄炎培职业教育思想研究规划课题"应用型高校产教融合的驱动机制及关键因素研究"(ZJS2022YB256)

5.浙江省高职教育"十四五"第二批教学改革项目"高职'三元四维五提升'综合督导评价体系构建研究"(jg20240377)

6.杭州市哲学社会科学研究培育基地"美好杭州研究中心"研究项目

7.2021 年度"杭州新时代城市品牌"专项课题"美好教育服务杭州城市品牌建设的路径研究"(wxcp2021015)

前 言 | Preface

　　2024 年 1 月 31 日下午,中共中央政治局就扎实推进高质量发展进行第十一次集体学习。中共中央总书记习近平在主持学习时强调,发展新质生产力是推动高质量发展的内在要求和重要着力点,必须继续做好创新这篇大文章,推动新质生产力加快发展。这一重要论述为新质生产力的理论与实践发展指明了方向,也为职业教育赋予了新的历史使命。

　　高质量发展需要新的生产力理论来指导,而新质生产力已经在实践中形成并展示出对高质量发展的强劲推动力、支撑力,需要我们从理论上进行总结、概括,用以指导新的发展实践。概括地说,新质生产力是创新起主导作用,摆脱传统经济增长方式、生产力发展路径,具有高科技、高效能、高质量特征,符合新发展理念的先进生产力质态。它由技术革命性突破、生产要素创新性配置、产业深度转型升级而催生,以劳动者、劳动资料、劳动对象及其优化组合的跃升为基础内涵,以全要素生产率大幅提升为核心标志,特点是创新,关键在质优,本质是先进生产力。可以说,新质生产力的提出是顺应时代、匹配现实、极具战略眼光的宏观理论指导,是现阶段推动国家进步、实现可持续发展的必然要求与关键路径。

　　职业教育作为一种与时代同频的教育类型,应该担负起为国家经济社会发展培养"新质"人才的历史使命。经济发展靠人才,人才培养靠教育。正是因为依托于职业目标的精准性、技术育人的科学性和岗位对接的有效性,职业教育越来越受到各方面的密切关注,与经济发展的互融互促效果也越来越明显。如何在我国新质生产力的蓝图中理顺职业教育的发展逻辑,彰显职业教育的特色和效能,以及确定未来职业教育的角色定位和发展方向,是我们职业教育工作者在新时代必须深入思考的问题,也是本书的主旨所在。借着这个机会,我想谈一谈职业教育与新质生产力双向赋能的逻辑,二者在现阶段的形势下如何产生互促互进的效果。

首先,新质生产力的催生机理与职业教育的构建之间的联系具有天然性。新质生产力由技术革命性突破、生产要素创新性配置、产业深度转型升级而催生。根据新修订的《中华人民共和国职业教育法》《国家职业教育改革实施方案》等法律法规文件,职业教育不仅是为了培养高素质的技术技能人才,更是为了适应产业升级和经济结构调整不断加快、各行各业对技术技能人才的强烈需求而设立的教育类型。职业教育的优劣直接关乎技术能否取得革命性突破,更关乎产业深度转型升级的成败。

其次,新质生产力的基础内涵与职业教育的运行之间的联系具有应然性。新质生产力是以劳动者、劳动资料、劳动对象及其优化组合的跃升为基础内涵,而职业教育的存在目的恰恰是将受教育者培养成富有职业道德、操守的劳动者,能够充分获取以技术技能为主要载体的劳动资料,谋求以职业、行业和产业为主要领域的劳动对象,以深度实施产教融合、科教融汇、职普融通为主要路径,最终实现以劳动者、劳动资料、劳动对象及其优化组合的跃升为前提的教育类型。

最后,新质生产力的核心标志与职业教育的发展之间的联系具有必然性。新质生产力是以全要素生产率大幅提升为核心标志,特点是创新,关键在质优,本质是先进生产力。人才是生产力的内核要素,培养更多更优的符合发展新质生产力、推动高质量发展的急需人才正是职业教育当前与未来最为关键的任务。职业教育分为中等职业教育、高等职业教育2个人才培养阶段,而高等职业教育又分为专科、本科和专业硕士3个阶段的人才培养,其已成为充分覆盖并构建畅通教育、科技和人才良性循环的现代职业教育体系。

综上所述,新质生产力与职业教育是息息相关、相互作用、双向奔赴、并激发以高质量发展为核心目标,涉及劳动、知识、技术、管理、资本和数据等生产要素的一系列逻辑循环链。甚至可以说,职业教育在一定程度上决定了新质生产力的发展,而新质生产力为职业教育发展提供了更为强劲的国际竞争力,这也进一步揭示了科技是第一生产力、人才是第一资源、创新是第一动力的内在逻辑。

从新质生产力与职业教育的内在逻辑阐述可知,新质生产力与职业教育之间存在着天然、应然和必然的内在联系。基于两者关系,本书提出一种适应于新质生产力发展的教育新质态发生机制——新质教育,作为一个全新的教育视野。这一全新教育视野的提出主要基于以下 4 个理论命题。

第一,新质生产力的战线在哪里?近代以来,历次工业革命、科技变革都与大学息息相关。第一次工业革命的标志是蒸汽机,蒸汽机诞生于格拉斯哥大学;第二次工业革命的标志是发电机,发电机诞生于柏林大学;第三次工业革命的标志是计算机、万维网及新能源等,计算机诞生于宾夕法尼亚大学,万维网诞生于麻省理工学院,世界第一枚新能源电池诞生于中南大学。这样的例子自 20 世纪 40 年代起层出不穷。如今,新质生产力的战线已然清晰,高校作为生产力变革的策源地,正站在历史的新起点上,肩负着孕育"新质生产力"的光荣使命。

第二,新质生产力的资源有哪些?工业革命进程告诉我们,生产力的发展借助于人才。21 世纪初,钱学森曾提出"钱学森之问"。党的十八大以来,我国人才事业取得历史性成就,全国人才资源总量快速壮大,专业技术人才从 2010 年的 5550.4 万人增长到 2019 年的 7839.8 万人,中国成为全球规模最大、门类最全的人才资源大国,研发人员总量连续 8 年稳居世界首位,国际专利申请量稳居世界第一。"2020 年全球创新指数排名"显示,中国在全球参与排名的 131 个经济体中排名第 14 位,是唯一进入全球创新指数前 30 名的中等收入经济体。因此,从生产力发展的历史节点看,人才是生产力变革的根源,更是新质生产力发展的第一资源。

　　第三，新质生产力的动力源于何方？人才的作用在于创新。党的十八大以来，人才创新成绩单越发亮眼。从"嫦娥"飞天到"蛟龙"入海，从"天眼"探空到"墨子"传信，从"北斗"组网到"神威"超算，从5G商用全面推进到新冠疫苗加速研制，一批重大科技创新成果喷涌而出，一些前沿领域开始进入并跑、领跑阶段，中国科技实力实现历史性跨越，实现了由曾经的"跟随者"向"引领者"的重大转变，有力支撑强国建设、民族复兴伟业，进一步抢占新一轮科技变革和产业变革制高点。因此，从生产力变革的大局观看，创新永远是生产力发展的引擎，更是新质生产力喷涌的第一动力。

　　第四，新质生产力的形态怎样？创新的目的在于科技进步，科技的意义在于寻求人类幸福最大值，而这些都是中国特色社会主义的本质要求。在拥有一流的高校、一流的人才和一流的创新水平之后，终将萌发一流的科技化形态，即高科技形态。高科技是一种密集形态，包括人才、知识、技术、资金、信息、产业等密集，更有风险密集且竞争性和渗透性强的生产力形态。高科技必须产业化，才能形成产业规模效益。只有全球高科技产业联合，方能应对人类共同的命运问题。因此，科技在推动生产力发展和经济增长中发挥决定性作用，是第一生产力，而高科技是新质生产力的第一生产力。

　　综上所述，新质教育的发生机制是新质生产力的4个要素，即高校、人才、创新与科技。因此，新质教育是一种更加关注新质生产力策源地打造、人力资源培育、创新动力凝聚和高科技产业化之路建设的全新教育视野，它更加注重高校与产业的紧密度、关联度和共生关系，更加注重人的全面培养与多元化发展，更加注重创新型人才培养，更加注重高科技在教育领域发挥的作用，也更加注重教师在教学与科研上的双重角色。总之，在新质生产力发展的当前与未来，高质量的教育成就新质生产力，也发展出更加强劲的教育新质生产力。由此，在"新质"的语境下，我们立足职业教育的现在和未来，探讨职业教育发展的现实使命和价值旨归。

（一）新质教育是培养更高素质劳动人群的教育

1."全面发展"是劳动者赋予新质生产力之"本"

新质生产力强调高素质的劳动者是第一资源,这意味着人的素质和创新能力在新质生产力中占据核心地位。在新质生产力的形成和发展过程中,重视人才的培养和引进,如战略型人才和应用型人才的培养,都是为了提升劳动者的素质和能力。新质生产力的提升不仅依赖于技术和产业的创新,更依赖于人的创新能力和主动性,这体现了对人的重视和依赖。在新质生产力的发展和提升过程中,人的因素被放在了核心位置,这完全符合以人为本的理念。

2.培养"全面发展"的劳动者是新质教育之"核"

人的全面发展是新质生产力的重要体现和目标,也是新质教育的核心要义。人才是生产力中最能动的力量,是新质生产力发展的决定性因素。新质教育的适切性、未来性和人本性告诉我们,教育必须通过优化学科设置、人才培养模式,培养高质量发展急需的创新人才,不断提升劳动者的高新科技素养、技能和职业道德,坚定不移地走好拔尖创新人才自主培养之路,让更多拔尖创新人才涌现出来。这既是培育发展新质生产力的关键,又是新质教育服务于新质生产力发展的内核。

（二）新质教育是缔造更高科技产业集群的教育

1.新质教育是推进下一代科技与产业变革之"基"

教育高质量发展是未来产业创新发展的基础,也是新质教育推进下一代科技产业变革的基础。党的二十大报告提出,教育、科技、人才是全面建设社会主义现代化国家的基础性、战略性支撑。未来产业创新发展需要有战略视野、高创新力、高竞争力的复合型人才,这对高等教育、职业教育、继续教育等提出了更高要求。因此,高等教育必须以新质生产力的高科技、高效能、高质量特征为重点,将教育、科技、人才深度结合,主动支撑未来产业创新发展,更好地引领教育强国建设。

2.科技、教育、产业一体深化是新质教育之"魂"

教育、科技、产业协同是未来产业创新发展的关键，也是新质教育的灵魂所在。当前，我国正在未来产业领域加快布局，在类脑智能、量子信息、基因技术、未来网络、深海空天开发、氢能与储能等前沿科技和产业变革领域，组织实施未来产业孵化与加速计划，谋划布局一批未来产业。发展未来产业，基础在教育、突破在科技、着力在产业，要坚持一体统筹推进教育、科技、产业协同发展。能否培养出支撑引领未来产业创新发展的战略人才，是衡量教育强国、科技强国建设成效的重要标准。

(三)新质教育是追求更高质量发展链群的教育

1.新质教育是给予新质生产力发展的永续之"源"

新质生产力是以自主创新为抓手的新型生产力，其核心要素是科技创新。新质教育在自主创新的发展进程中扮演着关键角色。科技创新需要人才来推动，而人才培养需要依靠新质教育来实现。通过优化人才培养模式，聚焦发展新质生产力的新要求，高等教育能够引领现代化产业体系建设，为推动新质生产力加快发展开辟新领域、新赛道。新质教育是新质生产力形成的关键要素和积极变量，而新质生产力的加快发展需要高等教育提供人才支撑和知识创造、科技创新的策源地功能。

2.坚持追求高质量发展是新质教育内驱动之"根"

高质量发展是全面建设社会主义现代化国家的首要任务，也是新质教育的根本目标。教育作为国之大计、党之大计，其高质量发展对于推进中国式现代化具有基础性和战略性作用。新时代建设高质量教育体系，应致力于发展建设中国特色实践性人才培养体系，把学生的学习成长与生产劳动相结合，与社会实践相结合，引导学生在理论联系实际的过程中建立信仰、增长才干、守正创新。这才是办好人民满意的教育、有力强化现代化建设人才支撑的根本。

本书正是在这样的思考下应运而生的。本书以"新质教育"为核心，从适切性、实践性、未来性、全面性、人本性和实效性 6 个维度,全面探讨了高职院校的高质量发展路径。希望通过本书的探讨,能够为高职教育改革提供新的视角和思路,以培养更多适应新质生产力需求的高素质劳动者和高技能人才,为新质生产力的发展持续赋能。

第一章"展现适切性:响应新质生产力新呼唤",从"变革之基""内涵之钥""融合之需"3 个角度,深入剖析了新质生产力的内涵和特征,追溯了高职教育的发展轨迹,并提出了新质生产力对高职教育的新要求,从而揭示了新质教育的适切性。

第二章"彰显实践性:助推'金地'新建设",从"模式解构""洋为中用""困境突破""实践典范"4 个维度,探讨了产教融合的策略分析,展现了新质教育的实践性。通过概述产教融合的类型,梳理产教融合政策的历史演进,借鉴国外产教融合的经验和现代产业学院的发展路径,为高职院校的产教融合提供了有力的策略支持。

第三章"追求未来性:探索数字教育新实践",从"环境扫描""学理阐释""他山之石""模式构建""实践典范"5 个领域,着眼于数字教育的实践路径,揭示了新质教育的未来性。通过对教育数字化研究现状的阐释,借鉴国外经验,构建了教育数字化的路径与策略。

第四章"坚守全面性:服务全面发展新蓝图",从"现状描摹""身份重塑""方法焕新""模式构筑""实践典范"5 个层次,聚焦于高职教育全人发展人才培养目标的实现。以马克思主义"人的全面发展"理论为指导,探讨了全人教育的现状,强调了教师角色的转变,并提出了"三全五化"育人模式,凸显了新质教育的全面性。

第五章"秉持人本性:守护心理健康新愿景",围绕"政策回望""趋势洞察""困境揭示""未来路向""实践典范"5 个方面,从顶层设计的历史演进、研究脉络与热点前沿、隐形挑战与深度剖析、持续发展的策略布局,到具体实践典范,进行了全面而深入的探讨,旨在为高职教育中的心理健康工作提供有益参考,推动其持续优化与创新发展。

第六章"确保实效性：赋能课堂革命新范式"，从"内涵解析""职责担当""困境破局""实践典范"4个视角，聚焦于课堂革命的推进策略，体现了新质教育的实效性。通过深入剖析课堂革命的内涵和目标，借鉴国外经验，提出了课堂革命的对策，并通过案例研究展示了能力跃迁的课堂革命实践。

在撰写本书的过程中，我参考了业界众多的研究成果，以及杭州万向职业技术学院历年来诸位同人的理论与实践探索。这些宝贵的经验和智慧，为我提供了丰富的素材和深刻的启示。然而，鉴于研究能力、实践深度和理解方向的限制，本书的观点和内容难免存在偏颇和疏漏之处。因此，我衷心希望各位专家不吝赐教，共同推动新质教育的研究与实践走向更加广阔的天地。

聚星成炬，汇木成林。在未来的发展过程中，我相信新质教育一定会带给我们更多的奇迹和惊喜。它将在国民经济高速高质的发展中发挥更加强劲的引擎作用，引领我们共同见证这一伟大的历史进程。我期待着在这一进程中继续贡献我的思考和实践，为新质生产力的蓬勃发展贡献一份力量！

目 录｜Contents

第一章

展现适切性：响应新质生产力新呼唤

习近平总书记指出，发展新质生产力是推动高质量发展的内在要求和重要着力点，必须继续做好创新这篇大文章，推动新质生产力加快发展。①

适切性这一概念最早可追溯至 1995 年联合国教科文组织发布的《关于高等教育变革与发展的政策性文件》。该文件提出高等教育的三大理念即适切性、质量观与国际化，其中强调高等教育的适切性是教育的目标要切合当前的实际。② 美国知名教育家布鲁贝克在其所著的《高等教育哲学》一书中，对高等教育的适切性问题进行了深入探讨，从高等教育与社会经济发展目标，以及个人需求之间的相互关系角度进行了细致分析。③ 2024 年 1 月 11 日，全国教育工作会议指出，要增强职业教育适应性和吸引力，这不仅是立足国情、建设教育强国的必然要求，也是服务大局、推进

---

① 习近平总书记在中共中央政治局 2024 年 1 月 31 日下午就扎实推进高质量发展进行第十一次集体学习上的讲话。

② 肖尚军.高职院校文化素质教育内容适切性研究[J].襄阳职业技术学院学报，2020(1)：6-9，26.

③ 陈正江.高职院校创新创业教育适切性研究与实践[J].现代教育管理，2018(1)：87-91.

邮政等多个领域,机械化生产的引入极大提升了制衣效率;同时加速了邮政行业的革新与发展,使得信息传递速度实现质的飞跃,社会交流与文化传播因此变得更加便捷高效。这一历史性转变不仅推动了工业的迅猛发展,更为后续的电气化、信息化时代和新质生产力时代的发展奠定了坚实的基础(见表 1-1)。

表 1-1　250 年来生产力发展史

时期	主导技术	关键要素及基础设施	新兴产业	技术与经济范式
蒸汽机时代	蒸汽动力技术	**煤炭** 铁路、收费公路、蒸汽轮船、电报	机械制造、冶金工业、铁路等	机械化范式 机械化社会化大生产
电气化时代	电力和内燃机技术	**电力/石油** 电网、铁路网、高速公路、机场、电话网、石油管道	电气、石油化工、钢铁、汽车、远洋轮船、飞机、电讯、军工等	电气化范式 流水线标准化大规模生产
信息化时代	基于微电子的信息通信技术	**信息** 计算机、互联网、远程通信/移动通信、移动计算设备	计算机、互联网、手机、集成电路、软件和信息技术服务、航空航天、生物制药、核能等	信息化范式 自动化精细化大规模生产
新质生产力时代	人工智能、云计算、大数据、物联网、区块链、5G/6G 等技术	**数据** 高性能网络、移动互联网与智能手机、数据中心/智算中心/超算中心、全国一体化算力网、工业互联网	下一代信息网络、智能手机/无人驾驶汽车/高端智能装备、云计算与大数据服务、人工智能、新能源、新材料、生物技术等	智能化范式 数字化网络协同柔性化智能生产

注:笔者根据智纲智库和亿欧智库资料整理。

二、电气化时代:自动化生产的崛起

19 世纪中叶,以电力发明和内燃机创制为核心的第二次技术革命,推动工业文明由蒸汽机时代进入电气化时代,引领了社会经济结构的全面转型与升级,标志着自动化生产的兴起与变革。该时期,动力源发生深刻变革,电力与石油成为主导。电力作为一种能量形态,经由发电机与电动

第一章

展现适切性：响应新质生产力新呼唤

习近平总书记指出,发展新质生产力是推动高质量发展的内在要求和重要着力点,必须继续做好创新这篇大文章,推动新质生产力加快发展。[1]

适切性这一概念最早可追溯至 1995 年联合国教科文组织发布的《关于高等教育变革与发展的政策性文件》。该文件提出高等教育的三大理念即适切性、质量观与国际化,其中强调高等教育的适切性是教育的目标要切合当前的实际。[2] 美国知名教育家布鲁贝克在其所著的《高等教育哲学》一书中,对高等教育的适切性问题进行了深入探讨,从高等教育与社会经济发展目标,以及个人需求之间的相互关系角度进行了细致分析。[3] 2024 年 1 月 11 日,全国教育工作会议指出,要增强职业教育适应性和吸引力,这不仅是立足国情、建设教育强国的必然要求,也是服务大局、推进

---

[1] 习近平总书记在中共中央政治局 2024 年 1 月 31 日下午就扎实推进高质量发展进行第十一次集体学习上的讲话。

[2] 肖尚军.高职院校文化素质教育内容适切性研究[J].襄阳职业技术学院学报,2020(1):6-9,26.

[3] 陈正江.高职院校创新创业教育适切性研究与实践[J].现代教育管理,2018(1):87-91.

中国式现代化的战略举措。基于此理论框架,新质教育的适切性在宏观层面体现为教育需满足受教育者的实际需求;而在微观层面,则要求教育的形式和内容必须与受教育者的知识背景及学习习惯相契合,从而有效激发学生的学习动力并提升教学效果。作为教育体系中一种特定类型,高职教育肩负着培养高素质技术技能人才的重要使命,兼具高等教育与职业教育的双重特性。本章将围绕生产力的逻辑起点、新质生产力的内涵和新质生产力对高职教育的要求这 3 个角度展开详细论述,揭示新质教育适切性的本质。

第一节　变革之基:生产力历程的回望与前瞻

新质生产力,起点是"新",关键在"质",落脚于"生产力"。社会主义的根本任务,正是致力于解放和发展社会生产力。生产力作为推动社会进步最为活跃和革命性的要素,其重要性不言而喻。历史唯物主义强调,生产力是人类改造自然、征服自然的能力,是推动人类文明不断向前发展的决定力量和动力源泉。整个人类社会历史进程,共经历了 4 次技术革命的洗礼,从第一次革命的蒸汽机时代到第二次革命的电气化时代,再到第三次革命信息化时代,如今已迈入第四次革命"智能化和绿色化"并重的新质生产力时代,每一次全球性的技术革命,都以具有颠覆性的关键技术为支撑,推动了工业革命的进程,并加速了全球工业化与城市化的发展。这些技术革命极大地解放并提升了社会生产力,促使社会生产力从低质向中质、中高质乃至高质波浪式演进(见图 1-1)。①

①　方创琳,孙彪.新质生产力的地理学内涵及驱动城乡融合发展的重点方向[J].地理学报,2024(6):1357-1370.

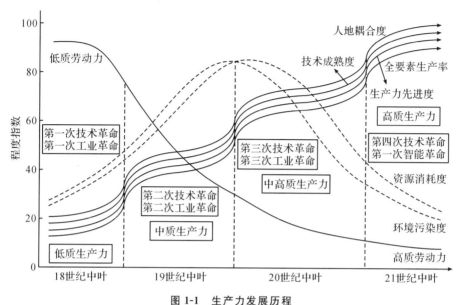

图 1-1　生产力发展历程

（图片来源：方创琳、孙彪，2024）

一、蒸汽机时代：机械化生产的奠基石

18世纪中叶，以蒸汽机发明为标志的第一次技术革命引起了从手工劳动向动力机器生产转变的重大飞跃，标志着机械化生产新纪元的开启，极大地深化了工业革命的影响。它不仅显著提升了生产效率，更深刻地重塑了人们的生活方式和工作模式，预示着工业生产从依赖传统人力劳动向依赖机器动力的根本性转变。在动力源层面，该时期主要依赖于水资源和煤炭。水轮机作为利用水资源为工业生产提供持续动力的关键装置，展现了其不可替代的价值；而煤炭，作为蒸汽机的核心燃料，其燃烧所释放的巨大能量，成为推动工业生产飞速发展的强劲动力。在材料应用方面，铁凭借其独特的物理性质及广泛的应用潜力，成为这一时代的标志性材料。随着冶炼与加工技术的不断进步，铁制品在建筑、交通、机械及工具制造等领域的广泛应用，不仅显著提升了生产效率，更深刻改变了人们的生活方式与社会结构。在应用拓展层面，蒸汽机时代的科技成果广泛渗透至制衣、

邮政等多个领域,机械化生产的引入极大提升了制衣效率;同时加速了邮政行业的革新与发展,使得信息传递速度实现质的飞跃,社会交流与文化传播因此变得更加便捷高效。这一历史性转变不仅推动了工业的迅猛发展,更为后续的电气化、信息化时代和新质生产力时代的发展奠定了坚实的基础(见表1-1)。

表 1-1   250 年来生产力发展史

时期	主导技术	关键要素及基础设施	新兴产业	技术与经济范式
蒸汽机时代	蒸汽动力技术	**煤炭** 铁路、收费公路、蒸汽轮船、电报	机械制造、冶金工业、铁路等	机械化范式 机械化社会化大生产
电气化时代	电力和内燃机技术	**电力/石油** 电网、铁路网、高速公路、机场、电话网、石油管道	电气、石油化工、钢铁、汽车、远洋轮船、飞机、电讯、军工等	电气化范式 流水线标准化大规模生产
信息化时代	基于微电子的信息通信技术	**信息** 计算机、互联网、远程通信/移动通信、移动计算设备	计算机、互联网、手机、集成电路、软件和信息技术服务、航空航天、生物制药、核能等	信息化范式 自动化精细化大规模生产
新质生产力时代	人工智能、云计算、大数据、物联网、区块链、5G/6G等技术	**数据** 高性能网络、移动互联网与智能手机、数据中心、智算中心/超算中心、全国一体化算力网、工业互联网	下一代信息网络、智能手机/无人驾驶汽车/高端智能装备、云计算与大数据服务、人工智能、新能源、新材料、生物技术等	智能化范式 数字化网络协同柔性化智能生产

注:笔者根据智纲智库和亿欧智库资料整理。

二、电气化时代:自动化生产的崛起

19世纪中叶,以电力发明和内燃机创制为核心的第二次技术革命,推动工业文明由蒸汽机时代进入电气化时代,引领了社会经济结构的全面转型与升级,标志着自动化生产的兴起与变革。该时期,动力源发生深刻变革,电力与石油成为主导。电力作为一种能量形态,经由发电机与电动机的转换，为工业生产提供了前所未有的便捷与高效动力。石油，作为内燃机的核心燃料，其广泛应用极大地促进了汽车、飞机等交通工具的迅猛发展，重塑了交通格局。在材料领域，钢与化学物质的崛起成为时代标志。钢材，凭借其卓越的强度与韧性，相较于传统铁材展现出显著优势，广泛应用于建筑、机械等多个关键领域。化学物质的发现与应用为工业生产开辟了新纪元，从塑料、合成纤维到炸药、化肥，其广泛应用深刻影响了社会生活，极大地丰富了人类生活的维度与质量。在应用层面，电气化时代的科技成果广泛渗透于电报电器、化工、医药等多个关键领域。电力的普及不仅加速了电报等通信工具的革新，实现了信息的快速传递，还深刻推动了化工与医药行业的飞跃式发展，进而显著提升了民众的生活质量。

三、信息化时代：网络化与信息化的浪潮

20 世纪中叶，以原子能、计算机和信息技术发明为核心的第三次技术革命，推动工业文明向生态文明转变，标志着网络化与信息化浪潮的蓬勃兴起，引领技术革新与社会变革的新潮流。在动力源和材料层面，虽仍然以电能为主导，但体积更小、能耗更低、处理速度更快的晶体管、芯片等新型半导体材料的涌现，为信息处理与传输提供了前所未有的便捷与高效途径，为构建高性能计算机、智能手机、物联网设备等提供了坚实的基础。在应用领域，信息化时代的成果广泛渗透于媒体、软件、互联网及 App 等多个关键领域。计算机与互联网的普及，极大地加速了信息的获取与传递过程，为媒体与软件行业的繁荣注入了强大动力。App 的兴起，更是深刻改变了人们的生活方式，使其变得更加便捷与丰富。信息化时代的核心特征在于网络化与信息化。这一转变不仅推动了媒体、软件等行业的飞速发展，更为后续新质生产力时代的发展奠定了坚实基础，开启了人类社会发展的新篇章。

四、新质生产力时代：智能化与低碳化的融合

21世纪中叶，以能源互联网、大数据、云计算和人工智能技术为核心的第四次技术革命，将推动人类进入智能化时代。传统生产力条件下的经济增长主要依靠大量的资源投入，依靠高度消耗的资源能源。[①] 区别于传统生产力的概念，新质生产力涉及领域新、技术含量高、知识密度大，是传统生产力在信息化、智能化生产条件下因科技持续突破创新与产业不断升级发展所衍生的新形式和新质态。在动力源层面，算力与新能源共同崛起，成为主导力量。算力，作为无形的生产力，依托芯片、超级计算机等高端设备，实现了数据处理与智能决策的高效支撑。新能源，尤其是太阳能、风能等可再生能源，为工业生产与人类生活提供了清洁、可持续的动力源泉，推动了能源结构的绿色转型。在材料方面，大数据与新材料成为新质生产力时代的标志性要素。大数据的应用深化了信息挖掘与利用的能力，为各行业注入了数据驱动的创新活力。新材料的应用则极大地拓展了工业生产和人类生活的边界，从高性能合金、智能材料到生物材料、环保材料，不断刷新材料科学的上限，丰富了人类社会的物质基础。在应用层面，新质生产力时代的成果广泛渗透于人工智能生成内容（Artificial Intelligence Generated Content，AIGC）、自动驾驶、元宇宙、具身智能、脑机接口、量子通信、可控核聚变等前沿领域。这些新兴技术的涌现与应用，不仅重塑了人们的生活与工作方式，更引领了各行各业的快速发展与创新变革。这一转变，是生产力发展史上的重要里程碑，预示着人类社会正迈向一个更加智能、高效、绿色的未来。

---

① 胡莹.新质生产力的内涵、特点及路径探析[J].新疆师范大学学报（哲学社会科学版），2024(5)：36-45.

第二节　内涵之钥：新质生产力的意蕴与特质

新质生产力是当今时代先进生产力的具体表现形式，是科技创新交叉融合突破所产生的根本性成果，其"新"主要体现在新技术、新模式、新产业、新业态、新领域、新赛道、新动能、新优势上，其"质"主要体现为高效能、高效率、高质量，主要面向新兴领域，面向未来产业，着力高质量发展。[①]丰富的"新"，正引申出深刻的"质"。全面深化改革的内在逻辑之一，就是不断调整生产关系，以激发社会生产力发展活力。因此，新质生产力带来的是发展命题，也是改革命题。通过解析新质生产力的内涵与特征，我们可以更深入地理解其在当代社会发展中的关键作用，更清晰地认识到新质教育在培育和发展新质生产力中的基础性和先导性作用。

一、新质生产力内涵解析

新质生产力的催生源自技术革命的突破性进展、生产要素的创新性配置和产业的深度转型升级。它以劳动者、劳动资料、劳动对象及其优化组合的显著提升为基本内涵，并将全要素生产率的大幅提高作为核心标志。[②] 其特点是创新，关键在质优，本质是先进生产力。在当代经济发展的语境中，新质生产力代表着一种与时俱进的生产力量，其内涵中的"新"与"质"两个维度紧密相连，共同勾勒出新时代生产力发展的深层图景。

从"新"的维度看，新质生产力的表征主要体现在生产要素的更新、组合方式的创新和驱动机制的转型 3 个方面。科技的飞速发展催生了信息

---

① 李锦.从习近平总书记深刻阐释新质生产力理论看国有企业发展新质生产力的任务与实现路径[J].现代国企研究,2024(Z1):12-23.

② 王大树.新质生产力:马克思主义生产力理论的最新成果[J].经济,2024(1):31-33.

化、智能化的生产要素,如大数据、人工智能等,这些高级生产要素的融合为企业精准捕捉市场动态提供了有力支撑。以汽车制造业为例。企业通过大数据技术分析车辆使用数据,深入洞见消费者的驾驶习惯和需求,进而在汽车设计、生产流程优化及效率提升方面做出创新。此外,组合方式的创新亦展示了"新"的特质。传统的生产要素简单叠加已被更为动态的优化配置和协同创新所取代。物联网技术的应用使得生产设备实现了智能化互联和管理,设备间的协同作用大大优化了生产流程,整体效率得到了显著提升。在驱动机制上,创新驱动的发展模式正在逐步替代传统的资源依赖型发展模式,为企业发展注入持续动力。

从"质"的维度看,新质生产力强调生产效率的提升、产品质量的改善和附加值的增长。引进先进的生产技术和管理模式是实现生产流程自动化、信息化和智能化的关键步骤,这有助于提高生产效率、确保质量、降低生产成本,并增强企业的市场竞争力。例如,某家具制造商通过采用机器人技术进行木材加工,显著提升了生产效率和产品质量。同时,该制造商选择高品质原材料并应用先进工艺,生产出既具有设计感又实用的家具产品,以满足消费者多样化的需求。在增加产品附加值方面,该制造商挖掘产品的文化和艺术价值,并通过设计展览会和举办文化讲座等活动提升品牌影响力,从而增强盈利能力。这种对"质"的追求不仅体现在产品质量的提升上,也反映在企业整体价值链的升级和品牌形象的塑造上。

总而言之,新质生产力作为未来经济发展的核心驱动力,其核心标志在于先进生产力的大幅提升,这一提升根植于高科技、高效能、高质量的深度融合。它摆脱了传统经济增长方式和生产力发展路径的束缚,通过全要素生产率的提升,实现了生产力的3个基本要素——劳动者、劳动资料和劳动对象的跃升。劳动者从低素质的劳动者转变为更高素质的劳动者,包括战略型人才、应用型人才等,他们的知识、技能和创新能力成为推动经济发展的重要力量。劳动资料也从低技术含量的劳动资料跃升为具有更高技术含量的劳动资料,如先进制造技术、工业互联网、工业软件等,这些高科技工具的应用极大地提高了生产效率和质量。劳动对象则扩展到了更广的范围,包括战略性新兴产业、未来产业等新兴领域,为经济发展提供了更加广阔的空间和更加巨大的可能。新质生产力的崛起,不仅是对传统生产力的超越,更是对未来经济发展模式的重塑,引领产业向高端化、智能化、绿色化方向迈进,为全球经济注入新的活力与希望(见图1-2)。

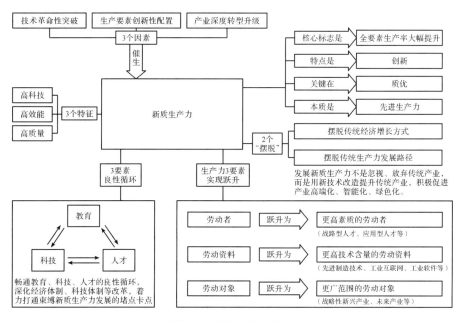

图 1-2　新质生产力内涵

二、新质生产力的时代特征

随着科技的飞速发展与全球化进程的深入推进,我们正处于一个经济与社会结构急剧转型的时代。新质生产力的时代特征体现为对知识和技术的高度依赖、对绿色和可持续发展的不断追求,以及对协同与智能网络融合的积极探索。

（一）核心动力：知识与技术的集大成者

首先，新质生产力以科技创新为核心，推动产业创新与发展。科技创新深刻重塑生产力基本要素，催生新产业新业态，推动生产力向更高级、更先进的质态演进。中央经济工作会议强调了科技创新在引领现代化产业体系建设中的重要性，特别是通过颠覆性技术和前沿技术来催生新产业、新模式和新动能。[①] 以信息技术为例。云计算、大数据和人工智能等科技的迅猛发展，正是基于持续的创新和深厚的知识储备，它们的应用不仅改变了传统生产方式，还极大提高了生产效率。其次，新质生产力所依托的战略性新兴产业和未来产业具有广阔前景。根据"十四五"规划纲要，这些产业涵盖了新一代信息技术、生物技术、新能源等多个高科技领域，以及未来可能产生颠覆性影响的类脑智能、量子信息等前沿技术。近年来，我国科技创新能力稳步提高，在载人航天、量子信息、核电技术、大飞机制造等领域取得一系列重大成果，进入创新型国家行列，具备了加快发展新质生产力的基础条件。[②] 最后，新质生产力的显著特征是高创新性和知识密集性。这种生产力模式高度依赖科技人才资源，特别是对熟练掌握新一代生产资料的应用型人才和高技能人才有着较高要求。

在传统的生产力模式中，物质资源的投入和劳动力的数量是主要的驱动力。在知识经济时代背景下，这一模式已经发生了根本性的转变。知识和信息已经逐渐替代传统的生产资料，成为推动经济社会发展的关键要素。与此同时，技术作为知识转化和应用的桥梁，其重要性日益凸显。新质生产力正是以知识和技术为核心驱动力，通过创新思维和先进知识的集成应用，推动经济社会的持续发展。在这一过程中，自动化、智能化的技术发挥着举足轻重的作用，它们不仅提高了生产效率，更在产品质量、服务个

---

① 王大树.新质生产力:马克思主义生产力理论的最新成果[J].经济,2024(1):31-33.
② 习近平经济思想研究中心.新质生产力的内涵特征和发展重点[N].人民日报,2024-03-01(9).

性化等方面带来了显著的改善。例如,在制造业中,自动化和智能化技术的广泛应用已经极大地减少了对人工的依赖,提高了生产效率和产品质量。在服务业中,借助大数据分析和人工智能算法,企业能够提供更为精准、个性化的服务,从而增强用户体验和客户满意度。此外,新质生产力对知识和技术的依赖进一步推动了人才需求的变化。如今,具备专业技能和创新能力的人才已经成为推动新质生产力发展的关键。因此,加强教育和培训,特别是针对创新思维和专业技能的培养,显得尤为重要。这不仅有助于提升个人的综合素质,更能为新质生产力的发展提供源源不断的智力支持。

(二)生态要求:绿色与可持续的发展路径

新质生产力的核心理念是绿色发展。习近平总书记在主持中共中央政治局第十一次集体学习时强调,绿色发展是高质量发展的底色,新质生产力本身就是绿色生产力。我们必须坚定走能源绿色、低碳、可持续发展道路,通过加快绿色科技创新和先进绿色技术的推广应用,来壮大绿色能源产业,进而构建绿色低碳循环经济体系,为新质生产力的发展提供坚实的能源支撑。此外,新质生产力的发展得益于高新科技的深度融合。相较于传统工业发展模式的外延式扩张,新质生产力更加注重内涵式发展,通过融入数字技术和智能技术等高新科技,创新了生产力的 3 个要素。这一变革催生了大量新业态、新职业,以及平台企业等新兴组织形态,同时,"外包""众包"等新劳动方式和"算法""算力"等新劳动工具对生产过程及其效果产生了深远影响,标志着人与自然关系从紧张走向和谐,实现了可持续的发展模式。

新质生产力同时标志着对生态环境的重视和对可持续发展的追求。传统生产方式往往以牺牲环境为代价换取短期经济增长,但新质生产力强调在保护环境的同时实现经济的持续增长。这种转变源于现代社会对健康生态环境重要性的认识:没有健康的生态环境,经济发展便失去了基础。这个时代的特征是企业和社会更加关注生产过程中的环境影响,努力减少污染物排放,提高资源利用效率。可再生能源的开发利用,如太阳能、风能等,正在逐步替代传统化石能源。同时,循环经济理念在各产业中广泛应用,旨在实现资源最大化利用和废弃物最小化排放。此外,新质生产力倡导绿色消费理念,鼓励消费者选择环保产品,支持绿色制造。这体现在产品设计、包装,以及整个产品生命周期的绿色管理上。通过这种方式,新质生产力不仅促进了环境保护,也引领了新的生活方式和消费模式。

(三)组织形态:协同与智能的网络融合

新质生产力代表了基于数字化和网络化的生产组织形式变革。互联网、云计算和物联网技术的发展使得生产和管理的协同效应越发显著。在这个网络融合的时代,数据和信息能够实时共享,分散的资源可以高效协同工作,极大提升了整体生产效率。这一特征表明,新质生产力不再局限于单一工厂或企业内部,而是打破了地理和组织边界,通过复杂的网络连接各种资源和能力。供应链管理通过整合供应商、制造商、分销商甚至消费者的信息,实现了全链条优化。智能制造则通过设备间的互联互通,实现了生产过程的自我优化和自我组织。新质生产力的网络融合特性还催生了"众包""云生产"等新型生产组织形式,它们通过活用网络上闲置的设计能力、生产能力及各类资源,实现了成本大幅度降低和生产效率显著提升。

在探讨新质生产力的时代特征时,我们不难发现,这些特征与城市发展新质生产力的实践紧密相连,互为支撑。表1-2中所列举的各类城市发展模式,正是新质生产力在不同领域和层面的具体体现。从教育科研支撑型城市到智能制造先行型城市,再到绿色发展引领型城市,这些城市通过加强科技创新、优化资源配置、推动产业升级和绿色发展等策略,不仅实现了自身经济社会的快速发展,也为新质生产力的形成和发展提供了丰富的实践案例和宝贵经验。例如,武汉、南京和大连在教育科研支撑型城市中表现突出,分别依托光电、生物、海洋科技和航运教育等优势推动城市发展;北京、深圳和苏州则作为科技创新先锋型城市的代表,通过建设科技园区和增加研发投入来提升城市的核心竞争力和创新能力。

因此,我们可以说,新质生产力的时代特征不仅体现在对知识和技术的高度依赖、对绿色和可持续发展的不断追求,以及对协同和智能网络融合的积极探索上,更在于这些特征如何与城市发展相结合,通过具体的城市发展战略和实践,推动经济社会的高质量发展。未来,随着新质生产力的不断演进和拓展,我们有理由相信,更多具有创新性和前瞻性的城市发展模式将不断涌现,为构建更加繁荣、绿色、可持续的世界贡献力量。

表 1-2　我国新质生产力发展方向及代表城市一览

序号	新质生产力的基本内涵	城市发展新质生产力的大代表类别	定义	典型城市(一个城市若符合多个类别特征,将根据其最显著的特点归入相应的类别)	选取为示例城市原因	采取的发展策略	以实现的主要目标
1	劳动者	教育科研支撑型	侧重于教育和科研领域的人才培养和支持	武汉、南京、大连	武汉以其在光电、生物等领域的深厚科研背景,成为教育科研支撑型城市的典范;南京凭借其国家级创新城市的定位,集聚了大量顶尖高校和科研机构;大连则依托其海洋科技和航运教育的优势,推动相关产业的发展	加强高校合作、科研机构建设	促进科技创新和教育发展,提升城市竞争力
2		人才集聚高地型	通过政策、环境等吸引和培养高端人才	广州、成都、天津	广州以其开放的经济环境和丰富的产业发展机遇,成为吸引人才的磁石;成都作为西部地区的科技创新中心,集聚了大量研发和创业人才,推动了城市的创新驱动发展;天津依托其滨海新区的发展战略,吸引了众多高端人才,为城市的转型升级提供了强有力的支持	实施人才引进政策优化生活环境	建立人才高地,推动经济结构调整和产业升级

序号	新质生产力的基本内涵	城市发展新质生产力的大代表类别	定义	典型城市(一个城市若符合多个类别特征,将根据其最显著的特点归入相应的类别)	选取为示例城市原因	采取的发展策略	以实现的主要目标
3	劳动资料	科技创新先锋型	强调创新型人才的集聚和发展,推动科技创新和新技术应用	北京、深圳、苏州	北京作为国家创新驱动发展战略的核心,集聚了大量的科研机构和高校,形成了强大的科技创新生态系统；深圳凭借其高新技术产业和创业氛围,成为国内外知名的创新高地；苏州依托其强大的制造业基础和政策支持,推动科技创新和产业升级	建设科技园区,增加研发投入	提升城市核心竞争力和创新能力
4		科技研发核心型	侧重于科技研发工具和技术的发展	上海、合肥、西安	上海作为国际化大都市,拥有强大的科技研发和产业转化能力,尤其在电子信息、生物医药等领域处于领先地位；合肥作为国家科技创新型试点城市,拥有众多科研机构和高新技术企业,是科技创新的重要基地；西安依托其深厚的军工背景和高校资源,成为西部地区的科技研发核心,尤其在航空航天等领域具有显著优势	提供研发资金支持建设高新技术区	形成研发创新核心竞争力,推动产业升级
5	劳动对象及其优化组合	数字化转型先行型	将数字化作为优化劳动对象组合的手段	杭州、贵阳	杭州作为电子商务之都,其数字化转型在推动产业升级和商业模式创新方面具有显著的示范效应；贵阳依托其大数据产业发展优势,成为数字化转型的先行者,通过数字化推动了经济结构的优化和社会治理的创新	建立数字化服务平台,整合数据资源	提升各行业数字化水平,提高经济效率

续　表

序号	新质生产力的基本内涵	城市发展新质生产力的大代表类别	定义	典型城市(一个城市若符合多个类别特征,将根据其最显著的特点归入相应的类别)	选取为示例城市原因	采取的发展策略	以实现的主要目标
6	劳动对象及其优化组合	产业升级示范型	通过优化劳动对象组合推动产业升级	福州、济南、石家庄、太原	福州依托其海西经济区的地理优势和政策支持,推动产业创新和升级,成为区域经济发展的引擎;济南作为山东省会,通过科技创新和产业转型,提升城市竞争力,推动经济高质量发展;石家庄和太原通过产业政策和技术创新,促进经济结构调整,实现产业的可持续发展	推行产业升级政策鼓励企业技术改造	实现产业结构优化,增强经济实力
7		智能制造先行型	使用先进的智能制造工具和技术	东莞、重庆、青岛	东莞以其完善的制造业体系和智能制造试点项目,成为制造业转型升级的先行者;重庆作为西部地区的工业基地,通过智能制造推动传统制造业的转型升级,提升产业竞争力;青岛依托其海洋科技和制造业优势,推动智能制造和工业互联网的发展,加快新旧动能转换	建设智能工厂,开展技术培训	提升制造业智能化水平,增强制造能力
8		绿色发展引领型	以绿色发展为对象,推动环保和可持续发展	烟台、无锡、昆明、银川	烟台致力于成为国际领先的智能低碳城市,其在清洁能源装机容量和"双碳"战略规划方面有显著优势;无锡通过绿色制造和循环经济的实践,推动了可持续发展,成为绿色发展的典范;昆明以其生态多样性和绿色发展战略,成为环保和可持续发展的标杆城市;银川依托其独特的地理和气候条件,推动绿色能源和生态旅游的发展,实现经济与环境的双赢	推广绿色生产方式发展生态旅游	形成绿色生产消费模式,促进可持续发展

序号	新质生产力的基本内涵	城市发展新质生产力的大代表类别	定义	典型城市(一个城市若符合多个类别特征,将根据其最显著的特点归入相应的类别)	选取为示例城市原因	采取的发展策略	以实现的主要目标
9	劳动对象及其优化组合	区域协同发展型	通过区域间的协同合作优化劳动对象组合	厦门、南昌、南宁、乌鲁木齐	厦门作为海西经济区的重要枢纽,通过区域合作和资源共享,推动了区域经济的均衡发展和一体化进程;南昌依托其在江西的中心地位,促进了区域经济一体化和协同发展;南宁和乌鲁木齐分别作为西南地区和西北地区的节点城市,通过加强区域合作和资源共享,推动了区域协同发展和经济繁荣	建立区域合作框架促进资源共享	实现资源共享和优势互补,促进区域协同发展
10		综合交通枢纽建设型	以交通枢纽为对象,推动区域经济发展	宁波、长沙、郑州、兰州	宁波依托其港口优势,建设综合交通枢纽,提升了区域物流效率和经济辐射力;长沙作为湖南省会,通过交通枢纽建设加强了与周边城市的联系和经济交流;郑州和兰州分别依托其地理优势,建设交通枢纽,推动了区域经济的快速发展和一体化进程	加强交通基础设施建设,优化物流网络	提升区域联通性和经济辐射力,增强城市竞争力

第三节 融合之需:新质生产力与高职教育的交响

面对全球科技革命的汹涌浪潮与国内经济结构的深刻变革,新质生产力的崛起不仅标志着技术进步与产业升级的新阶段,也给教育体系带来了前所未有的挑战与机遇。尤其是高职教育,作为连接教育与产业的重要桥梁,其转型与升级成为推动国家竞争力提升的关键一环。在此背景下,探讨"新质学校"的特征与"新质教育"的系统构建,不仅是对当前教育改革的深入剖析,更是对未来教育形态的前瞻布局。

一、"新质学校"的"八新"特征

面对当前社会的快速发展和科技进步,新质生产力的崛起显得尤为关键。劳动者,作为生产力要素的核心,其知识、技能和创新能力直接推动着科学技术的发展和生产力的提升。教育,作为培养这些能力的摇篮,其重要性日益凸显。特别是在 2024 年"两会"上,"发展新质生产力"被正式写入政府工作报告,并被置于各级政府全年工作的首位,这不仅彰显了政府对教育的深刻重视,也确认了教育在未来国家发展、国际竞争中毋庸置疑的先手棋站位。

新质生产力与中国经济的持续优化和高质量发展紧密相连,对于推动经济转型和升级具有举足轻重的作用。面对百年未有之大变局,以及 2035 年更高水平的育人目标,中国教育急需大规模孵化"新质学校",以适应从工业文明向智能文明的转型,实现从教育大国到教育强国的系统性跃升和质变——这一时不我待的课题,正在上升为自上而下的全民共识,成为高职教育的"必答题",而不再是"选择题"。世界经济论坛发布的《未来学校》白皮书为我们揭示了教育 4.0 的框架,为新经济环境下的高质量学习制定了新的标准,并提出了学习内容和体验的八大关键性改革。这些改革不仅涵盖了全球公民技能、创新和创造力技能、技术技能,以及人际交往能力等关键能力的培养,还强调了个性化学习、无障碍和包容性学习、基于问题和协作的学习、终身学习,以及学生自主式学习的重要性。

基于上述分析,那些能够发挥关键影响力并具备枢纽和结构化特性的变量,不仅能够增强变革的附加值、激发创新潜力,而且能够创造出"飞轮效应"的核心要素,这些都可以看作新质学校的标志性特征。深入探究其内涵,应当涵盖以下 8 个方面的"新"。

一是新视野培育:国际化教育,塑造全球领袖。新质学校应致力于为学生打造全球视野,让学生深刻理解并尊重多元文化。通过组织国际交流活动、引入国际化课程,帮助学生建立对世界各地文化的敏感性和理解力,并鼓励学生参与国际竞赛、实习或志愿服务,亲身体验不同文化背景,从而培养出真正具备全球视野的未来领袖。

二是新创造激发:潜能释放,勇对时代挑战。创新是时代发展的驱动力,新质学校必须着重激发学生的创新思维和创造力。学校应提供丰富的资源和机会,如创新实验室、科研项目、创新大赛等,让学生能够亲身实践,勇于面对复杂问题。通过培养学生的分析性思维和系统分析能力,不仅能够帮助他们解决问题,还能激发他们的创造力。

三是新情商提升:情感智慧增强,团队能力强化。新质学校应注重培养学生的情商技能,并创造机会,让学生在团队中锻炼自己,学会与人沟通和协作。通过课程设置和活动等,帮助学生提升同理心、合作能力、谈判技巧和领导力。这些技能不仅对学生个人的成长至关重要,还能让他们在未来的职业生涯中脱颖而出。

四是新理念树立:终身学习奠基,助力未来成长。在快速变化的社会中,终身学习已成为每个人必备的能力。新质学校应向学生灌输终身学习的理念,培养他们自主学习的习惯和能力。学校应提供丰富的学习资源和机会,鼓励学生不断学习和提升自己的技能,并教育学生如何有效地学习、如何适应变化,为他们的长远发展打下坚实的基础,使学生在未来社会中不断进步、不断成长。

　　五是新技术融合:AI 教育,培育未来科技公民。在 2024 年"两会"期间,教育部部长怀进鹏强调,需将人工智能技术全面渗透到教育教学与管理的每一个环节。当我们运用互联网思维重塑教育体系,借助大数据来辅助教学,并利用智能产品提升学习效率时,教育的深度、广度及其潜在可能性均得到了显著拓展。除了传统的计算机课程,还应纳入编程、数据分析、人工智能等前沿科技内容,确保学生能够紧跟时代步伐。学校应教导学生理解技术对社会与生活的影响,培养他们成为具备科技素养的公民,这样不仅能使学生适应未来职场的需求,还能让他们在科技领域展现自己的才华。

　　六是新路径探索:个性化教育,助力学生成长。每个学生都有自己独特的潜能和兴趣,新质学校应提供个性化的教育路径。通过定制化的课程和学习计划,最大化地发挥学生的潜能,帮助其追求自己的梦想。学校还应鼓励学生探索自己的兴趣领域,提供丰富的选修课程和社团活动,使学生不仅能够在学业上取得优异成绩,还能培养出独特的个性和才华。

　　七是新合作模式:资源共享,促进教育公平。教育资源的公平分配是新质学校的重要任务之一。学校应确保教育资源对所有学生开放,通过开放和共享优质教育资源,如图书馆、实验室、在线课程等,为每一个学生创造更加公平和有质量的学习环境。同时,学校应积极与企业、社区等合作,共同为学生提供更广阔的学习机会和资源。

　　八是新实践导向:项目驱动,学习创新。与传统的知识灌输不同,新质学校应更加注重基于项目和问题的实践学习。学校应与企业和行业合作,为学生提供真实的实践环境和机会,通过组织学生参与真实的项目实践,培养他们解决实际问题的能力,让其在实践中学习和成长。这种学习方式不仅能更贴近未来的工作模式,还能帮助学生建立起对知识的深刻理解和应用能力。

二、"新质教育"的4个系统

在 ChatGPT 应用兴起的背景下,学校教育的发展生态面临着重塑的挑战。那么,真正的教育高质量究竟源自何处?面对培养拔尖创新人才的需求,面对未来高度不确定且个性化的趋势,以及智能文明时代人类社会的发展愿景和人才目标,学校教育应当何去何从?这成为当代教育工作者急需进行规范化、规模化探索的重大课题。截至 2023 年底,中国人口已连续 2 年呈现负增长趋势。这一人口变化将对教育领域产生系统性和结构性的影响,推动高职教育向小班化、个性化、多样化、高质量及拔尖创新的方向发展,成为其办学的必然追求。随着新质生产力的持续发力,高职教育面临着前所未有的新挑战。

(一)定向系统:确立全人培养目标

新质生产力的核心在于创新与应用。战略人才的培养能够为产业发展提供新的方向和思路,而应用型人才则是将这些战略转化为现实生产力的关键。例如,卓越的工程师可以利用先进的技术进行产品研发,而技艺精湛的技术工人能确保这些技术在实际生产中得到高效应用。面对新质生产力的挑战,职业教育必须与时俱进,实现教育、科技和人才的深度融合。特别是在人工智能、云计算、物联网、大数据、智能移动和区块链等"云物大智移链"技术日益普及的背景下,职业教育需要转变其传统的培养模式。2024 年智联招聘发布的《大学生就业力调研报告》显示,27.4%的毕业生认为自己没有就业成功的原因是"掌握技能少",22.9%表示"缺乏实习经历"。可见技能水平和实践经验是制约人才入职的主要原因之一。与此同时,就业市场越来越青睐那些具备高度创新能力和具有跨学科知识的人才。为了迎合这一趋势,高职教育急需转变其培养目标。传统的以技能为主的培养模式需要向更加注重创新能力、跨学科知识和综合素质的复合型人才培养模式转型。这种转型,实际上是从"专才"向"跨界人才"的转变,旨在培养学生的综合素质,使他们在面对复杂问题时能够灵活运用各种知识和技能。

那么,如何实现这一转型呢? 全人教育理念为我们提供了宝贵的启示。全人教育强调学生的全面发展,注重知识、技能、情感态度等多方面的培养。在高职教育中,这意味着我们不仅要教授学生专业技能,还要注重文化素养、思维能力、人际交往能力等方面的培养。具体而言,我们可以在课程设置上进行创新。以计算机专业为例。除了基础的编程课程,我们还可以增设与艺术设计、心理学或商业策略相关的课程。这样的课程设置不仅能够拓宽学生的知识视野,还有助于培养他们的创新思维和解决问题的能力。此外,项目式学习是一个值得推广的教学方法。通过让学生参与实际的项目,鼓励他们团队合作,共同解决问题,不仅可以锻炼他们的实践能力,还能培养他们的团队协作精神和创新意识。

(二)优化系统:深化产教融合模式

新质教育离不开企业与高校精准对接,形成科学协作的共赢。一方面,校企合作通过提供丰富的人才资源、前沿的技术支持、广泛的资源共享和广阔的市场渠道,为新质生产力的发展奠定了坚实的基础。另一方面,新质生产力的发展不断对校企合作提出新的要求,推动其向更深层次、更广领域拓展。然而,传统的校企合作模式已难以满足新质生产力发展的需求,提质升级势在必行。

要实现这个升级,高水平产业学院为我们提供了有益的借鉴。我们需要构建一种全新的校政企行四位一体的协同育人模式,将政府、企业、学校和行业紧密地联系在一起,形成共商、共建、共享的育人环境。在这种新模式下,政府发挥引导作用,制定相关政策和规划,为校企合作提供有力的政策支持和资金保障;企业则积极参与人才培养过程,提供实习实训机会和职业发展指导;学校则根据企业和行业的需求,调整专业设置和课程结构,培养符合市场需求的高素质人才;行业则通过提供行业动态和人才需求信息,为校企合作指明方向。从公开质量年报获悉,北京电子科技职业学院作为中国特色高水平高职学校,始终走在职业教育改革的前沿。他们注重发挥北京市现代制造业职业教育集团的作用,依托特色产业学院建设,成功摸索出一套政府引导、行业指导、校企主导、多元协同的育人模式。这种模式集产学对接、产学互补、产学共谋、产学共建、产学互通五位一体,为校企双元育人树立了典范。

(三)转换系统:推动课堂革命进程

课堂教学作为人才培养的主渠道和主阵地,如何能更好适应发展新质生产力的需求呢? 课堂革命,正是对这一挑战的积极响应。课堂革命的核心在于转变传统的教学理念和方法,以学生为中心,注重培养其创新精神和实践能力。这一变革不仅是教学内容的更新,更是教学方法和教学手段的全面革新。一要更新教学内容,使之更加贴近行业发展的前沿。高职教育的目标是培养具备专业技能和职业素养的人才,因此教学内容必须紧跟行业发展的步伐,及时将新技术、新工艺、新标准融入课堂教学。这就要求教师密切关注行业动态,不断更新自己的知识储备,以确保教学内容的时效性和实用性。二要创新教学方法,激发学生的学习兴趣和积极性。传统的教学模式往往是教师讲、学生听,这种单向传授的方式已经无法满足现代高职教育的需求。我们需要采用更加灵活多样的教学方法,如案例教学、项目式教学、情境教学等,让学生在参与中学习,在实践中成长。三要加强实践教学环节,提升学生的实践操作能力。通过建立实训基地、开展校企合作等方式,为学生提供更多的实践机会,让他们在真实的职业环境中锻炼技能,提升职业素养。四要建立完善的评价体系,以评估学生的学习效果和教师的教学质量。传统的以考试成绩为主的评价方式已经无法全面反映学生的综合素质和能力,因此我们需要建立多元化的评价体系,包括学生的自我评价、同学评价、教师评价和企业评价等,以更全面地了解学生的学习情况和职业发展潜力。

(四)升级系统:实现教学数字化转型

数字化技术的快速发展不仅改变了传统教育模式,也为高职教育提供了新的发展路径。为了更好地适应这一变革并培养出符合新时代需求的高素质人才,高职院校必须对其数字化建设进行提质升级。新质生产力的提出,要求高职教育更加注重实践性和创新性,数字化技术的引入正是实现这一目标的关键。《全球数字贸易白皮书》显示,2020 年我国数字经济规模为 5.36 万亿美元,位居世界第二,且同比增长 9.6%,增速全球第一。① 高等教育数字化战略与数字经济发展战略紧密相关。数字化不仅可以提供更丰富、更直观的教学手段,帮助学生更好地理解和掌握复杂的技术知识,同时也是让学生迎接数字化浪潮、掌握数字化技术的关键抓手。

首先,高职院校需要建立完善的数字化教育体系,包括数字化教学资源库、在线课程平台、虚拟实验室等,以提供多样化的学习方式和实践机会。通过数字化高清重现实操细节与规范,学生能够更清晰地理解每一个操作步骤,从而提高学习效果。其次,高职院校应加强数字化基础设施建设,包括提升校园网络的覆盖率和速度,确保学生和教师能够随时随地访问到所需的数字化资源。再次,高职院校需要培养一支具备数字化教学能力的师资队伍。教师可以通过参加数字化教育培训、研讨和交流活动,不断提升自己的数字化教学能力。同时,高职院校也可以引进具有丰富数字化教学经验的教师,以带动整个教师团队的数字化能力提升。最后,高职院校应充分利用数字化技术,开展线上线下的混合式教学。这种教学模式不仅可以提高学生的学习兴趣和参与度,还能培养他们的自主学习和协作能力。同时,通过线上线下相结合的考核方式,能更全面、更客观地评价学生的学习成果。

---

① 陈辉,熊璋.高等教育数字化战略的研究[J].中国高等教育,2022(9):7-9.

第二章

彰显实践性：助推"金地"新建设

党的二十大报告提出，统筹职业教育、高等教育、继续教育协同创新，推进职普融通、产教融合、科教融汇，优化职业教育类型定位。[①]

高等教育在科技创新方面往往侧重于"从 0 到 1"的原始创新，即着重于开辟新的研究领域和创造新的知识体系。高职教育则更注重"从 1 到 ∞"的应用拓展与技能培养，强调将现有知识转化为实际应用能力，并培养学生的专业技能。新质教育所彰显的开放性，正是根植于其秉持的"从 1 到 ∞"的教育理念，强调教育与社会、经济、科技等多领域的紧密联系和互动，致力于将教育成果转化为推动社会发展的实际力量。提升科技成果转化水平，是实现科技创新与产业创立有效对接的关键环节，也是推动新质生产力形成与发展的核心要素。因此，高职院校需深化"产教融合、科教融汇"的理念，精准识别并解决存在的问题。作者认为，发展产业学院是实现教育与产业深度融合的重要途径，也是推动"金地"建设的关键举措。本章将进一步探索产业学院的知识图谱，并借鉴国外产教融合的成功实践，积极寻求突破困境的有效途径，从而为新质教育的深入实施提供坚实的支撑。

[①] 习近平总书记 2022 年 10 月 16 日在中国共产党第二十次全国代表大会上的报告。

第一节　模式解构：产业学院知识图谱探析

产业学院高质量发展是培养高素质人才的重要途径，推动科技创新的重要平台，全面深化产教融合的新型组织，促进教育链、人才链与产业链、创新链有机衔接的重要手段。党和国家十分重视产业学院的发展和建设。2013 年《中共中央关于全面深化改革若干重大问题的决定》正式提出"产教融合、校企合作"的概念。① 2014 年《关于加快发展现代职业教育的决定》开始了混合所有制办学模式的探索、实践，多主体办学格局逐步形成。2017 年，党的十九大报告提出"深化产教融合、校企合作"②；同年，《国务院办公厅关于深化产教融合的若干意见》把产教融合、校企合作放在国计民生的层面上统筹③。2019 年《国家职业教育改革实施方案》推动职业院校与行业企业形成命运共同体。④ 2020 年《现代产业学院建设指南（试行）》明确现代产业学院建设 7 项任务；同年，《职业教育提质培优行动计划（2020—2023 年）》强调健全以企业为重要主导、职业学校为重要支撑、产业关键核心技术攻关为中心任务的产教融合创新机制。2021 年《关于推动现代职业教育高质量发展的意见》强调完善产教融合办学体制、创新校企合作办学机制两大任务。2022 年，党的二十大报告指出，要推进职普融通、产教融合、科教融汇，优化职业教育类型定位。2023 年《职业教育产教

① 中共中央关于全面深化改革若干重大问题的决定[EB/OL]. (2013-11-12)[2024-06-10]. http://www. moe. gov. cn/jyb_ xxgk/moe_1777/moe_1778/201311/t20131115_159502. html.

② 权威发布：十九大报告全文[R/OL]. (2017-10-18)[2024-06-10]. https://www.spp. gov. cn/tt/201710/t20171018_202773. shtml.

③ 国务院办公厅. 关于深化产教融合的若干意见[EB/OL]. (2017-12-20)[2024-06-10]. http://www. moe. gov. cn/jyb_xwfb/s5147/201712/t20171220_321977. html.

④ 国务院办公厅. 国家职业教育改革实施方案[EB/OL]. (2019-02-13)[2024-06-10]. http://www. moe. gov. cn/jyb_xwfb/gzdt_gzdt/s5987/201902/t20190213_369226. html.

融合赋能提升行动实施方案(2023—2025年)》明确了对产教融合型企业"金融＋财政＋土地＋信用"的具体支持政策。党和国家对企业参与高校办学的关注和重视,为全国范围内推进产业学院发展提供了重要的科学论断和根本遵循。因此,在国家一系列政策的倡导和支持下,涌现出了一批融人才培养、科学研究、技术创新、企业服务、学生创业为一体的现代产业学院。

近10年来,在产业学院领域涌现出了大量有价值的研究,已有多位学者对相关成果进行了梳理。例如,邢晖等人从内涵和特征上对产业学院做了梳理和界定,认为产业学院是以服务地方主导产业为宗旨,以技术技能型人才培养为目标,以契约或资产为纽带,校企双方共同组建的相互依赖、相互融合、风险共担、利益共享的新型办学实体。[①] 李艳等人通过对2007—2019年产业学院文献进行分析,归纳出产业学院经历了基于实践经验的产业学院理念构建与设想、基于实际运行经验的"理想类型"理论总结、微观层面产业学院运行问题的深化理论研究3个阶段。[②] 邓小华等人对现代产业学院的基本职能与运行机制进行归纳,提出了基于要素融合的共同育人、基于知识增值的联合创新和基于价值创造的利益共生3个基本职能。[③] 周桂瑾等人从职业院校混合所有制产业学院属性认定、现实需求与困境等方面进行分析,提出构建校企深度融合育人共同体、明晰产权归属和股权分配结构、搭建多元共治的治理模式和体系等路径。[④] 这些团队为产业学院领域研究做出了一定的贡献,但是仍然存在局限之处。就方法而言,以主观的文献解读为主,运用科学计量工具的客观分析还处于空白,而基于知识图谱视角的量化研究则可以更为客观地反映某一领域的研究

① 邢晖,曹润平,戴启培.高职院校产业学院现状调研与思考建议[J].国家教育行政学院学报,2022(9):20-29.

② 李艳,王继水.我国产业学院研究:进程与趋势:基于CNKI近10年核心期刊的文献研究[J].中国职业技术教育,2020(3):22-27.

③ 邓小华,王晞.现代产业学院的基本职能与运行机制[J].职教论坛,2022(7):37-44.

④ 周桂瑾,俞林,吴兆明,等.职业院校混合所有制产业学院发展需求、现实困境与建设路径[J].中国职业技术教育,2022(7):88-91.

热点和趋势。

　　鉴于此,全面分析产业学院的研究热点和发展脉络,对于促进该领域的理论研究具有重大意义。本书采用当前学术界较为认可的 CiteSpace 软件作为研究工具,梳理 2007—2024 年我国产业学院的研究成果并进行可视化分析,以期为产业学院研究提供新的思路和方法,进而为我国产业学院实践提供借鉴和启示。

一、数据来源

　　在中国知网(China National Knowledge Infrastructure,CNKI)中,我们以"产业学院"为主题搜索核心期刊、CSSCI 期刊,经过人工剔除新闻报道、期刊文摘、专栏介绍、书评、动画作品等非学术文章和重复文献后,最终获得 294 篇有效文献。因为最早的文献时间为 2007 年,所以我们将调查的时间范围设定为 2007 年 1 月至 2024 年 6 月。我们将整理后的数据导入 CiteSpace 软件进行数据转换,对合作机构、关键词共现及聚类、研究前沿和趋势等做相关的论述与分析。

二、产业学院相关文献的时空分布与分析

(一)文献时间分布

　　一个领域的文献数量不仅能够客观反映学者们对该研究领域的关注程度,也能直观呈现该领域的发展阶段变化。由产业学院研究文献年度分布(见图 2-1)可见,产业学院发展大致经历了 3 个阶段。①2007—2017 年的缓慢起步阶段。其间仅有文献 24 篇(年均小于 3 篇),学者们的研究集中在产业学院组建方式、保障机制和办学模式等方面,从中可以看出研究初期产业学院的相关概念尚不清晰,学者们主要侧重宏观层面的研究。②2018—2020 年的快速成长阶段。该时期共有文献 57 篇(年均 19 篇)。从微观层面进一步探索,此时的研究聚焦在产业学院内部治理、利益分配、

如何对接专业建设等方面。这一时期，《建设产教融合型企业实施办法(试行)》出台，要求充分发挥企业在技术技能人才培养和人力资源开发中的主体作用；随后发布的《关于印发试点建设培育国家产教融合型企业工作方案的通知》，极大程度地提升了企业参与产业学院建设的决心与力度。③ 2021年至2024年6月的繁荣发展阶段。近4年之内共发表文献213篇(年均大于53篇)，主要涉及现代产业学院研究，这是因为2020年《现代产业学院建设指南(试行)》的发布使得研究呈现出比较鲜明的政策导向。从研究趋势看，产业学院领域的研究处于起步阶段，整体呈持续增长趋势，且这种趋势仍会持续，关注度必将进一步加强。从研究进展看，国家相关政策的出台对产业学院研究有促进作用。

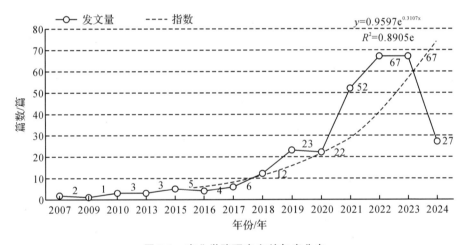

图2-1 产业学院研究文献年度分布

(二)研究机构

对研究机构进行分析，能够发现该领域的研究力量布局情况。CiteSpace运行形成的知识图谱如图2-2所示，从图中可知发文机构之间的合作不紧密，分布相对独立。我们在知识图谱运行输出的网络汇总表的基础上，统计形成了研究机构频次表。其中，发文量大于2篇的机构共29所，如表2-1所示。经梳理发现，产业学院研究机构发文量呈现3个"集中"特点。其一，向核心研究机构集中，前29所核心研究机构共发表文献88篇，占全部文献的 29.93％。其二,向经济基础较好的省份集中,29 所核心研究机构中,江苏 8 所,广东 5 所,浙江 3 所,辽、闽、沪、京各 2 所,绝大多数集中在直辖市和经济发达的沿海省份。其三,形成高职院校和本科院校文献研究数量与研究实力旗鼓相当的局面:13 所高职院校发文 41 篇,占比 46.59％,而本科院校及研究所共 16 所,发文 47 篇,占比 53.41％。

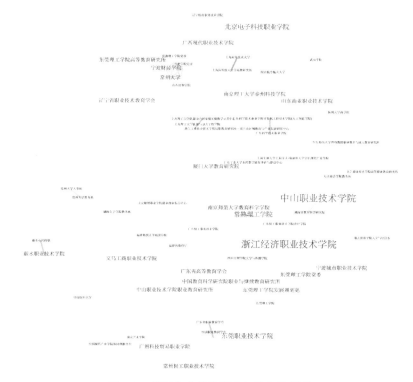

图 2-2　我国产业学院研究机构知识图谱

表 2-1　研究机构发表核心论文篇数统计

序号	机构名称	篇数/篇	序号	机构名称	篇数/篇
1	中山职业技术学院	9	16	广州科技贸易职业学院	2
2	东莞理工学院	7	17	江苏理工学院职业教育学部	2
3	常熟理工学院	5	18	江苏农牧科技职业学院	2
4	浙江经济职业技术学院	5	19	江苏师范大学	2
5	东莞职业技术学院	4	20	兰州大学高等教育研究院	2

续　表

序号	机构名称	篇数/篇	序号	机构名称	篇数/篇
6	华东师范大学	4	21	辽宁教育学院	2
7	义乌工商职业技术学院	4	22	辽宁省职业技术教育学会	2
8	北京电子科技职业学院	3	23	宁波城市职业技术学院	2
9	东北师范大学	3	24	山东商业职业技术学院	2
10	广西师范大学	3	25	上海出版印刷高等专科学校	2
11	南京航空航天大学	3	26	深圳信息职业技术学院	2
12	厦门大学教育研究院	3	27	泰州职业技术学院机电学院	2
13	天津大学教育学院	3	28	中国教育科学研究院职业与继续教育研究所	2
14	常州轻工职业技术学院	2	29	中国矿业大学公共管理学院	2
15	福建工程学院	2			

（三）发文作者

对文献作者进行分析，能够在一定程度上判别高产作者、核心作者群，以及形成的合作网络关系。在此基础上，对核心作者群体学术活动的挖掘和分析，可以有效识别产业学院的研究现状与发展脉络。我们依据核心知识生产者分布方程（普赖斯定律：$M=0.749\times\sqrt{\text{Nmax}}$）来确定核心作者。Nmax 的数字为所有作者中最高产作者的发文数量，当某一作者的发文量大于 M 值时，即被认定为核心作者。[①] 通过 CiteSpace 软件对作者发文量进行统计可知，刘国买等 6 位作者的发文量最高，达到 3 篇，根据公式计算可得 M≈1.3 篇。因此，发文量为 2 篇及以上的 34 位作者可被称为核心作者（见表 2-2）。

---

① 陈悦，陈超美，胡志刚，等.引文空间分析原理与应用：CiteSpace 实用指南[M].北京：科学出版社，2014.

表 2-2　产业学院研究核心作者统计

序号	作者姓名	首篇文章发文年份/年	篇数/篇	序号	作者姓名	首篇文章发文年份/年	篇数/篇
1	刘国买	2019	3	18	崔志钰	2020	2
2	张雪翠	2022	3	19	李曙生	2022	2
3	刘奉越	2023	3	20	张艳芳	2018	2
4	万伟平	2015	3	21	张元宝	2023	2
5	周红利	2020	3	22	刘 燕	2023	2
6	周继良	2021	3	23	严世清	2022	2
7	冀 宏	2021	2	24	孙柏璋	2016	2
8	朱跃东	2019	2	25	曹元军	2022	2
9	王 屹	2022	2	26	李宝银	2015	2
10	李巨银	2023	2	27	赵 昕	2023	2
11	匡永杨	2023	2	28	王亚煦	2022	2
12	胡文龙	2018	2	29	徐 伟	2018	2
13	高 鸿	2023	2	30	耿乐乐	2023	2
14	蒋新革	2020	2	31	蔡瑞林	2018	2
15	刘 澍	2023	2	32	赵景晖	2016	2
16	马宏伟	2024	2	33	彭云飞	2018	2
17	姜 哲	2022	2	34	李 宁	2022	2

　　为了进一步分析核心作者的合作情况,我们利用 CiteSpace 软件对所有作者进行可视化分析。从整体情况看,作者间合作比较分散,但也不难看出,已经初步形成 4 个研究团体:一是福建理工大学刘国买等人形成的研究团体;二是辽宁机电职业技术学院赵景晖等人形成的研究团体;三是以武夷学院李宝银为核心的研究团队;四是以福建师范大学孙柏璋为核心的研究团队。

三、研究热点趋势分析

(一)关键词共现分析

关键词是学术论文中对内容的高度凝练和概括,展现了一篇文章的核心内容。在 CiteSpace 软件中,高频词、高中介中心性的关键词通常被用来确定一个研究领域的热点问题。对关键词词频的研究可以更好地观察选定时间内某一领域的研究热点。我们将已经转化完毕的数据放入 Data 文件夹,导入 CiteSpace 软件后得到有效文献 294 篇,Node Types 选择关键词,通过运行得到节点数 249 个,连线数量 427 条,网络密度为 0.0138(见图 2-3)。从图 2-3 中可以看出,整个图谱联系比较紧密,关键词连线非常多,网络密度也比较大,说明近 17 年我国产业学院研究主题比较集中,主题关键词的联系比较高。

图 2-3　我国产业学院研究关键词共现知识图谱

为了更加直观观察产业学院研究热点,我们从运行完的 CiteSpace 软件中拷贝出词频≥3 次的关键词频次表(见表 2-3)。从表 2-3 中可以看出,有关产业学院的研究主要包括以下 3 个方面。一是从研究对象来看,主要分为高职院校和应用型本科院校 2 类。二是从研究内容上看,不仅有理论研究,也有实践研究。理论研究主要涉及产业学院、产教融合、校企合作等概念和内涵上的阐释,实践研究主要有专业群、专业建设、协同育人、人才培养模式的研究。三是从研究领域上看,主要集中在教育学领域,其他领域研究成果相对较少,有待进一步开拓。

表 2-3 产业学院研究关键词频次表

序号	词频/次	中介中心性	开始时间/年	关键词
1	148	0.82	2007	产业学院
2	99	0.66	2015	产教融合
3	36	0.3	2013	高职院校
4	28	0.31	2018	职业教育
5	19	0.14	2015	人才培养
6	17	0.07	2010	校企合作
7	14	0.05	2013	协同育人
8	10	0.05	2018	新工科
9	8	0.04	2021	职业院校
10	8	0.01	2010	高职教育
11	6	0.03	2020	运行机制
12	5	0	2015	产学合作
13	4	0.05	2020	高职
14	4	0.03	2021	实践路径
15	4	0.03	2022	适应性
16	4	0.04	2013	体制机制
17	4	0.02	2019	创新创业
18	4	0.03	2013	产业集群
19	3	0.02	2021	内涵
20	3	0.03	2020	组织特征

续　表

序号	词频/次	中介中心性	开始时间/年	关键词
21	3	0	2007	工学结合
22	3	0	2022	产业逻辑
23	3	0.02	2021	产业链
24	3	0.02	2022	内部治理
25	3	0.01	2021	共生理论
26	3	0.01	2015	专业群
27	3	0.02	2021	多元协同
28	3	0.01	2015	专业建设
29	3	0	2021	乡村振兴
30	3	0.02	2021	发展路径
31	3	0.02	2023	工程教育
32	3	0.01	2021	产权
33	3	0.02	2023	展望

（二）关键词聚类分析

生成关键词共现知识图谱后，我们点击"Labeling With indexing Terms"，再点击"Convex Hull：Show/ Hide"，得到关键词聚类知识图谱（见图 2-4）。从图 2-4 中可以看出，共得出关键词聚类 11 个：♯ 0 产教融合、♯ 1 产业学院、♯ 2 职业教育、♯ 3 高职院校、♯ 4 协同育人、♯ 5 高质量、♯ 6 运行机制、♯ 7 新工科、♯ 8 内涵、♯ 9 职业院校、♯ 10 县域。从图 2-4 中可以看出，聚类模块值（Q 值）等于 0.6648，一般认为大于 0.3 意味着聚类结构显著。平均轮廓值（S 值）等于 0.9179，一般认为 S 大于 0.5 聚类就是合理的，大于 0.7 意味着聚类是令人信服的，说明整个聚类具有可信性和说服力。①

---

① 陈悦，陈超美，胡志刚，等.引文空间分析原理与应用：CiteSpace 实用指南[M].北京：科学出版社，2014

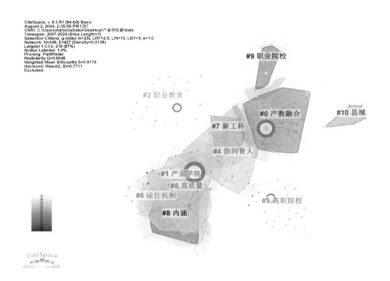

图 2-4 我国产业学院研究关键词聚类知识图谱

为了更加清晰显示聚类的关键词信息,我们从 CiteSpace 软件中导出共性网络聚类表(见表 2-4)。这些聚类群能够直观地体现国内学者在产业学院方面的研究视角。从标识词和平均年份能够看出产业学院研究具有时代性。2010 年前后的产业学院研究聚焦在校企合作、生产性实训基地建设等方面;2016 年前后,普遍重视产业学院转型发展,从"专业镇"等共生模式开展探索性实践;2020 年前后,关注现代产业学院内涵、模式、产业链等方面。我们可以根据不同阶段的关键词特征,将产业学院研究划分为以下 4 个阶段。

表 2-4 共性网络聚类表

聚类号	聚类大小	聚类轮廓值	平均年份/年	标识词(选取前 5 个)
#0	43	0.942	2020	产教融合(28.86,1.0E-4);多元协同(8.74,0.005);工程教育(8.74,0.005);产权(8.74,0.005);高职产业学院(5.81,0.05)
#1	33	0.917	2018	产业学院(13.16,0.001);现代产业学院(7.25,0.01);产教融合(5.8,0.05);职业教育(5.78,0.05);校企合作(5.78,0.05)

聚类号	聚类大小	聚类轮廓值	平均年份/年	标识词（选取前5个）
#2	32	0.93	2021	职业教育（40.27,1.0E-4）；乡村振兴（9.81,0.005）；实践路径（4.89,0.05）；混合所有制产业学院（4.89,0.05）；三螺旋（4.89,0.05）
#3	28	0.885	2020	高职院校（31.6,1.0E-4）；技能形成（8.89,0.005）；技能型人才（4.43,0.05）；研究体系（4.43,0.05）；评价改进（4.43,0.05）
#4	23	0.904	2018	协同育人（26.62,1.0E-4）；校企合作（18.06,1.0E-4）；高职教育（13.17,0.001）；产业集群（13.17,0.001）；人才培养（11.31,0.001）
#5	13	0.862	2017	高质量（14.87,0.001）；产业学院功能（7.36,0.01）；特色办学（7.36,0.01）；内部治理（7.36,0.01）；创设（7.36,0.01）
#6	12	0.941	2019	运行机制（10.81,0.005）；转型发展（7.22,0.01）；保障机制（7.22,0.01）；专业（7.22,0.01）；学科（7.22,0.01）
#7	12	0.868	2020	新工科（27.28,1.0E-4）；二元三体（6.34,0.05）；大数据（6.34,0.05）；人工智能（6.34,0.05）；产学研融合（6.34,0.05）
#8	11	0.941	2021	内涵（14.87,0.001）；产业服务（7.36,0.01）；产业链（7.36,0.01）；高职（7.36,0.01）；逻辑（7.36,0.01）
#9	6	0.946	2021	职业院校（9.71,0.005）；南京（8.06,0.005）；保障（8.06,0.005）；畜牧兽医类专业（8.06,0.005）；服务产业（8.06,0.005）
#10	6	0.994	2016	县域（9.56,0.005）；共生单元（9.56,0.005）；共生关系（9.56,0.005）；共生模式（9.56,0.005）；共生环境（9.56,0.005）

1.初探:探索产业学院原始雏形(2007—2012 年)

这一阶段重视产业学院功能及合作模式研究。浙江经济职业技术学院应智国、邵庆祥、徐秋儿等人以工学结合、校企合作、生产性实训基地建设、办学模式等作为关键词发表论文 6 篇,产业学院的研究之路正式开启。该阶段的研究主体主要为高等职业教育管理者,研究范围为地方在产教融合领域的实践探索。研究内容涵盖产业学院设立的背景依据、角色定位、基本属性、发展特点、基础保障体系，以及人才培养模式创新、校企协同育人机制构建等。研究素材来源于早期产业学院试点单位的实践案例。产业学院作为一种新型办学模式正处于初步探索时期。

2. 转型：从理论到实践的重塑转型（2013—2015 年）

2012 年，党的十八大提出构建现代职业教育体系，有效推动了产业学院的发展脚步。2013—2015 年，中山职业技术学院围绕"镇校企行"合作共建产业学院展开有意义的探索，形成核心论文 5 篇，主要关键词有：专业镇、高职教育发展、产业集群、体制机制、理事会、合作办学等。易雪玲提出高职院校与镇政府合作创建产业学院，能使教育科研资源辐射到镇区企业、社区，有效促进当地产业发展和城镇化进程。[①] 万伟平认为建立董(理)事会领导下的院长负责制和"镇校企行"多元投资体制，构建"镇校企行"协同育人机制，可以提升职业教育服务产业能力。[②]

3. 多元：产业学院从单一向多元发展（2016—2019 年）

2014 年，《国务院关于加快发展现代职业教育的决定》明确提出了引导支持社会力量兴办职业教育，探索发展股份制、混合所有制职业院校的意见，开启了我国高职教育混合所有制办学改革的大门。张艳芳认为产业学院具有"混合特征"的办学组织形式成为改革的重点领域。[③] 2016 年，校企混合所有制、二级产业学院、共生模式首次作为关键词出现，成为学者们研究的热点话题。这一时期的研究呈现出百家争鸣、兴趣点多元的发展态势，不仅有从高校治理到人才培养模式、课程建设、专业融合的研究，也有从共同治理模式到"双院制"模式、"双主体"产业学院的探索。

---

① 易雪玲.高职教育"镇校合作"办学的理论基础与体制机制创新[J].职教论坛，2013(28)：29-33.

② 万伟平.基于产教融合的"镇校企行"合作办学模式实证研究：以中山职院专业镇产业学院建设为例[J].职教论坛，2015(27)：80-84.

③ 张艳芳.混合所有制产业学院的历史缘起、现实困境与未来展望[J].职业技术教育，2019(13)：40-44.

4. 纵深：向现代产业学院研究的纵深推进（2020 年至 2024 年 6 月）

这一时期，现代产业学院、内涵、模式、产业链、协同机制、实践路径成为热点话题。此外，产教融合型城市、产教融合型企业、区域产业学院等关键词的出现频率较高。这是因为 2020 年教育部、工业和信息化部印发《现代产业学院建设指南（试行）》，提出创新人才培养模式、提升专业建设质量、开发校企合作课程、打造实习实训基地、建设高水平教师队伍、搭建产学研服务平台、完善管理体制机制等 7 个方面的任务要求。由此可以看出，我国产业学院研究的热点及其演进与中央相关政策的出台和演变高度吻合，再次表明产业学院的学术研究是在国家政策导向的指引下展开的。

四、结论

1. 研究基本情况

从发文时间来看，我国产业学院领域文献数量呈现出自 2007 年以来起伏波动，2018 年微幅增长，2021 年井喷增长的特点。从发文作者来看，刘国买、张雪翠、刘奉越、万伟平、周红利、周继良等 34 位作者为核心作者，持续产出的作者相对较少。从研究分布情况看，浙江、江苏及广东 3 个省份在该领域的研究较为突出，发表论文数量超过总数的 55.17%，高产机构和核心作者的占比也绝对领先，引领研究的发展。在研究机构群方面，基本上呈现出"部分集中、整体分散"的特征。

2. 研究热点内容

高频关键词显示该领域研究内容覆盖广泛，主要包括高职院校和应用型本科院校 2 类研究对象；理论研究（产业学院、产教融合、校企合作）和实践研究（专业群、专业建设、协同育人、人才培养模式）2 类内容；领域主要涉及教育学领域。对文献的聚类分析，可清晰地展现研究热点主题，主要包括以下 4 点：(1)产业学院促进高校建设研究，包括产业学院建设对专业群建设、人才培养、产教融合等方面的影响的研究；(2)产业学院转型发展的探索性实践研究，包括广东的"专业镇"模式、双元育人、资源整合等方面的体制创新研究；(3)新时代背景下的现代产业学院建设研究，包括内涵、模式、产业链、协同创新等方面的研究；(4)外部环境促进产业学院发展研究，包括产教融合型城市、产教融合型企业、创新发展、产教联动等方面的研究。此外，基于"共生理论"和"三链融合"的研究也受到关注，反映了该领域研究重要的理论基础。

3.研究发展趋势

我国产业学院研究的热点及其演进与中央相关政策的出台和演变高度吻合。通过2007—2024年产业学院研究文献关键词聚类时间线视图分析可知，产业学院的研究大致经历了4个阶段：(1)2007—2012年，产业学院研究属于模型设想阶段，主要围绕产业学院建设的必要性、功能、性质、特征、办学模式，以及如何开展人才培养、合作办学等问题展开研究；(2)2013—2015年，从理论到实践的重塑转型阶段，各地根据区域特色针对合作共建产业学院展开有意义的探索；(3)2016—2019年，产业学院从单一向多元发展；(4)2020年至2024年6月，向现代产业学院研究的纵深推进，主要围绕现代产业学院、内涵、模式、产业链、协同机制、实践路径等问题展开讨论。

第二节　洋为中用：国外产教融合经验镜鉴

一、美国的赠地学院

赠地学院(Land-Grant Colleges)是美国由国会指定，得益于《莫雷尔法案》的高等教育机构。1862年美国国会通过《莫雷尔法案》，规定各州凡有国会议员1名，拨联邦土地3万英亩，用这些土地的收益维持、资助至少1所学院。赠地学院主要开设有关农业和机械技艺方面的专业，培养工农业急需的人才。[①] 1890 年，《第二莫雷尔法案》得以颁布，该法案授权联邦政府每年向每所农工学院拨款，最低额度为 15000 美元，并且这一拨款额度将逐年递增 1000 美元，确保这些学院拥有充足的财力来维持其正常运转和发展。[②] 到 19 世纪末，赠地学院发展到 69 所。这些学院后来多半发展为州立大学，成为美国高等教育的一支重要力量，为美国的经济腾飞做出了重大贡献。著名的康奈尔大学、威斯康星大学就是在这一法案影响下发展起来的。[③] 这种独特的学院模式不仅推动了美国高等教育的多样化发展，还对社会经济产生了深远影响。

（一）历史背景：深厚的底蕴与独特的起源

美国建国初期，美国的人口主要集中于东部沿海的经济发达地区，而西部居民仅占全国人口的 3%。为了平衡东西部的发展，联邦政府于 1784—1787 年间颁布了 3 项土地法案，通过优惠的土地政策吸引大批移民向西迁移。随着"西进运动"的推进，耕种面积不断扩大，社会对懂实用农业技术的农业劳动力的需求日益迫切。当时，美国的高等教育仍然是英国模式的移植，教会控制的学校规模较小，教育目的抽象化，不以特定的职业为目标，而是以培养教会工作者和绅士为宗旨。同时，这些学校的教育对象主要面向上层社会等精英群体。因此，传统大学在培养社会发展所需的农工专业人才方面存在明显不足。

为了弥补这一空白，职业教育开始受到格外的关注，美国赠地学院应运而生。这些学院以实用性为导向，致力于培养能够直接服务于社会经济发展的专业人才，特别是农工领域的专业人才。它们的建立不仅满足了西

---

① 曹勇安.我国民办教育的历史、现状与未来[J].浙江树人大学学报（人文社会科学版），2013（2）：15-21.

② 刘景.美国早期"赠地学院"的成功经验及其对我国农业高等教育的启示[J].成人教育，2016（3）：92-94.

③ 杨九斌，卢琴.艰难中的卓越：《莫里尔法》后美国赠地学院之嬗变[J].教育学术月刊，2021（2）：12-19.

部开发对人才的需求，也推动了美国高等教育向更加实用化和普及化的方向发展。

(二)办学特色：实用性与服务性的完美结合

1.以专业性为基，引领地方发展

赠地学院以其鲜明的教学和研究特色在美国高等教育中独树一帜。这些学院注重理论与实践相结合的教学方法，强调知识的应用性和实践性。在课程设置上，赠地学院不仅提供传统的农业经济学、农学、园艺学等课程，还根据地方经济和社会的需求，开设了木工、机械制造、农机维修等实用课程。

在科学研究方面，赠地学院也表现出色。它们利用丰富的人才和设备资源，集中力量开展农业科学研究，致力于解决农业生产中的实际问题。如玉米种子的改良、蔬果的病虫害研究、牛奶的奶脂测定等，均是当时取得显著成效的科研成果。1887年后，各赠地学院中农业实验站的建立进一步促进了农业科学研究与生产实践的紧密结合，这种做法不仅解决了农民的实际问题，也避免了"高而空"的学术研究，实现了生产与科研的相互促进和共同进步。这种以问题为导向的研究模式，不仅提升了学院的科研水平，也为地方经济的发展提供了有力的科技支撑，这种专业性使得赠地学院在推动地方经济发展和社会进步方面发挥了不可替代的作用。

2.以实用性为核心，服务地方经济

早期的赠地学院与所在州保持着紧密的联系，以解决本州工农业发展中的实际问题为己任，强调为本州的经济建设服务。因此，各州的赠地学院在专业及课程设置上均凸显出浓郁的本州特色。例如，在矿石资源丰富的州，赠地学院在采矿、地质研究等专业方面发展显著；在以畜牧业为主要经济产业的州，学生则可以学习到畜牧业方面的最新技术与知识。①

---

① 刘景.美国早期"赠地学院"的成功经验及其对我国农业高等教育的启示[J].成人教育,2016(3):92-94.

自 1872 年起,美国赠地学院以其独特的办学理念和鲜明的特色脱颖而出。时任加利福尼亚大学校长丹尼尔·吉尔曼在其就职演说中明确指出,赠地学院应成为适应本州特殊环境、人民需求及未开发资源的特定大学。赠地学院自创立以来,秉持着注重实践、服务地方的优良传统,这使得美国的农业科研成果转化率极高,位居世界各国之首。

3.以合作性之研,共筑社区纽带

赠地学院不仅致力于解决本州工农业发展中的实际问题,还积极与社区开展广泛的合作研究,涉及工业、农业、教育等多个领域。以马里兰大学为例。该校秉承赠地学院的优良传统,与当地小学建立了战略伙伴关系,共同开展了一项深入的合作研究项目,探究大学与小学的合作对小学生产生的具体影响,参与机构涵盖了马里兰大学、小学,以及马里兰大学所在的公园城社区。[①] 该项目不仅帮助小学生提高了学习成绩,也助力教师提升了教学质量,更成为大学与社区之间的纽带,实现了双方的共赢。

此外,马里兰大学还计划与西北高中建立合作关系,开展发行电子杂志等活动。这些举措不仅进一步扩大了马里兰大学与社区的联系,也有效提升了马里兰大学的形象和影响力。这种合作模式不仅丰富了赠地学院的教学与研究内容,也为其与社区的共同发展注入了新的活力。

二、新加坡的"教学工厂"模式

(一)历史背景:独特的起源和丰富的内涵

"教学工厂"这一独具匠心的教学理念,其源头可追溯至新加坡南洋理工学院(Nanyang Polytechnic)创院院长林靖东先生的深刻洞察与创新实践。面对大专院校毕业生在适应工作岗位需求上的明显短板,以及企业界

---

① 石宏伟,李海宁.美国"赠地学院"的社会服务功能及其对我国高等教育的启示[J].江苏高教,2011(4):147-149.

对于学校应更加注重学生实践能力培养的迫切期望,林靖东先生敏锐地捕捉到了问题的核心,并借鉴德国"双元制"模式的精髓,创造性地提出了一种全新的教学模式——"教学工厂"。[①]

　　这一模式的核心精髓在于,它巧妙地将学校的教学环境与企业实践环境相融合,为学生营造了一个既充满学术氛围又贴近实际工作的学习环境。学生不仅能够接受系统而扎实的理论知识教育,还能在模拟的企业环境中亲身体验和实践所学知识,从而极大地提升实践能力和职业素养,更好地适应未来的工作挑战。在新加坡南洋理工学院的"教学工厂"模式中,企业项目和研发项目被赋予了极高的重要性,成为不可或缺的教学环节。这些项目为学生提供了一个简易化、多层次的工作环境,使他们能够将所学到的知识和技能应用于实际工作中,还进一步增强了他们的实践能力和解决问题的能力,为他们未来的职业发展奠定了坚实的基础。

　　"教学工厂"模式的发展历程可分为 4 个阶段,每一个阶段都见证了这一创新理念的成长与完善。在第一阶段,学院与企业建立了紧密的伙伴关系,吸纳先进企业的技术和资金,全面模拟企业环境,为学生提供了一个简易的实践平台,使他们能够初步接触和了解企业的实际运作。在第二阶段,随着合作的不断深化,学院开始全年不间断地配合企业的需求开展项目教学,让学生参与到真实的项目开发与建设中。这一阶段的实践使学生更加深入地理解了企业的运作和项目的实施过程,也进一步提升了他们的实践能力和团队协作能力。在第三阶段,学院进一步着手于系统专能的研究,并致力于大型综合项目的设计与开发。在坚持教学工厂项目平台(Teaching Factory Project Platform,TFPP)的基础上,学院着重进行专能开发和教职员的专业培训工作。这一阶段的努力为"教学工厂"模式的持续发展奠定了坚实的基础,也进一步提升了学院的教学质量和学生的实践

---

　　① 蒋家宁,孙长坪.新加坡"教学工厂"与我国"工学结合"教学模式的比较研究[J].职教论坛,2012(33):94-96.

能力。在第四阶段，经过前面 3 个阶段的发展与完善，学院的"教学工厂"理念已经基本建立起来，并开始进入良性循环和良性发展的轨道中。在实施和实践过程中，学院不断根据形势和情况的变化进行自适应性调整和逐步完善，使得"教学工厂"模式更加符合时代的需求和企业的期望。这一教学模式的创新与实践不仅为学院的教学注入了新的活力，也为全球职业教育的发展提供了新的思路和方向。

（二）办学特色：创新引领和校企合作完美融合

1.专业设置：紧贴经济脉搏，预见未来需求

学院始终保持着对新加坡经济发展和企业需求变化的敏锐关注，同时积极追踪国际新技术的进展，特别是高科技领域的发展动态。基于这种全面的市场观察，学院能够有针对性地预判企业的未来发展趋势，并提前 2—3 年对企业所需的技术技能进行积极布局与准备，培养出既满足当前社会需求又具备未来发展潜力的专业人才。[①] 对于那些已经落后于经济社会发展步伐的专业，学院会果断决定停开，并适时调整和优化院系设置，以确保教育资源的高效利用。

在新专业的开发上，学院采取严谨而周密的态度，整个开发周期设定为 1—2 年，以确保充分的准备和深入的论证。新专业的设立始于对经济社会发展、企业及学生学习需求的全面分析，以此确定专业开发的必要性和紧迫性。随后，学院会成立由专业负责经理领衔的专业筹备小组，深入研讨并提出新专业的具体建议。在此过程中，筹备小组会明确毕业生应具备的专业知识和技能水平，并精心设计专业教学结构，以确保新专业的教学质量和实用性。

学院学术委员会则负责从新专业的学术管理角度进行审查和批准，确保新专业计划及专业内容的修改建议符合学术规范和教育标准。同时，由

---

① 张珣,李运顺,李国勇.新加坡南洋理工学院"教学工厂"产教融合模式的经验及启示[J].职业技术教育,2021(11):76-80.

行业、企业和学院多方代表组成的专业咨询委员会会对新专业课程计划或课程修改建议提供宝贵的咨询意见，并给予专业认可，从而确保新专业与市场需求、行业标准的紧密对接。

在专业计划获得批准后，筹备小组会进一步向学院呈报，并委任学科协调讲师负责确定培训目标、开展教师培训、准备教材、采购教学设备等各项教学准备工作。在教学过程中，学院还会依据学生、教师和企业的反馈进行持续改进，以确保课程设置与市场需求保持同步，不断培养出符合时代要求的高素质专业人才。

2.合作模式：深度融合，共创双赢

新加坡的校企合作模式独树一帜，学院与超过 300 家国内外知名大中型企业建立了深度合作关系，共同致力于培养服务于新加坡及其合作地区经济社会发展所急需的人才，为当地经济发展和人力资本积累注入了强大动力。这一模式的独特魅力在于，其先进的知识、技术和项目研发多源自学院这一创新平台，而企业作为需求方和用人单位，对于与学院携手合作开发项目、开展科研及培养人才抱有天然的浓厚兴趣与强烈意愿。

在校企合作的坚实框架下，企业慷慨地为学院提供了尖端的设备、丰厚的研发资金和宝贵的实习岗位，为学院的教学、研发，以及培养适应型、创新型人才提供了坚实有力的支持。学院则以其丰富的研发资源、专业的人才团队，助力企业攻克技术难关，或携手设计开发全新的项目、产品和服务，使得校企双方在技术和知识领域得以保持领先地位，共同实现双赢的卓越成效。

这种紧密的校企合作模式不仅促使教师的知识和技能得到持续不断的更新与提升，真正践行"以明天的技术培养今天的学生，为未来服务"的先进理念，而且还得益于新加坡健全而完善的知识产权保护政策。在校企合作过程中，知识产权的转化价值会通过明确的合同条款进行约定，或作为教师知识参股的重要部分，或由企业支付相应的买断资金，这一机制既充分保障了教师和学生的积极性与合法权益，又确保了开发项目

和科研成果的高品质与创新性,同时有效维护了企业的知识产权效益与竞争优势。

3.师资队伍建设:超前意识与终身教育

通过自主聘评与严格管理,兼顾教、管和能力提升,以及鼓励终身教育和自我提升等措施,学院成功打造了一支具备超前意识和国际化背景的师资队伍,为学院的长远发展奠定了坚实的基础。

首先,学院采用系主任负责制,赋予系主任在教师聘评方面的绝对话语权,确保招聘过程的专业性和严谨性。在聘用教师时,学院不唯名学历、高学历是举,而是更看重教师的实践经验和专业能力。必要条件是具有 5 年以上企业工作经验、本科以上学历、专业对口,且需经过面试评估。这一要求确保了教师队伍具备丰富的实践经验和深厚的专业素养。其次,学院要求教师不仅要承担教学任务,还要参与学生生活管理,以提升教师的专业、行政和沟通能力。这样的要求有助于培养教师晋升管理职位所需的基本素质,同时使学生能够从多方面得到教师的指导和帮助。最后,学院鼓励教师通过终身教育实现自我提升,并建立了完善的培训制度。这确保了教师队伍能够不断更新知识储备,提升教学能力。同时,学院要求连续任教 5 年内的教师必须回到企业实习 2—3 个月,以了解企业技术状况和最新技术需求。每年还有 20% 的教师被派往国内外知名高校、企业或研究单位等接受培训,参与科研与项目开发,这进一步提升了教师的专业素养和教学能力。

三、加拿大的合作教育

(一)历史背景:加拿大合作教育发展轨迹

加拿大的合作教育模式起源于 1957 年滑铁卢专科联学院(今滑铁卢大学)的创新之举,这一模式的诞生标志着加拿大教育界与企业界的合作开启新篇章。该模式以 4 个月为一学期,在整个大学期间穿插 4—16 个月的工作实践期,其独特性和益处逐渐被社会各界所认知。① 随着时间的推移,越来越多的用人单位开始意识到这一模式在培养实践型人才方面的潜力,并积极参与其中。至 1987 年,已有超过 3000 家用人单位雇用了来自 60 所加拿大学校的合作教育项目学生。这一数字的背后,是加拿大合作教育模式蓬勃发展的生动写照。值得注意的是,最初参与滑铁卢专科联学院合作教育项目的 30 家公司,至今仍坚守初心,持续参与这一富有成效的教育模式。这一现象不仅彰显了合作教育的持久魅力,也反映了加拿大教育界与企业界之间深厚的合作基础。

随着合作教育模式在加拿大的广泛推广,越来越多的高等院校开始与企业携手,共同探索教育的新路径。在此背景下,加拿大的教育工作者深刻意识到,合作教育项目之间需要建立更加紧密的联系和统一的制度框架,以确保这一模式的持续健康发展。

1973 年,加拿大麦克马斯特大学、莫霍克学院等 15 所高校共同创立了合作教育协会(Canadian Association For Cooperative Education,CAFCE)。这一协会的成立,标志着加拿大合作教育进入了一个新的发展阶段。在协会初创时期,其职能主要局限于建立全国性的合作教育总体框架,以促进高校之间的交流与联系,而并未包含用人单位或行业代表。直到 1977 年,企业才开始逐步加入合作教育协会,这一转变不仅丰富了协会的内涵,也进一步增强了合作教育的实践性和针对性。企业界的参与,为合作教育注入了新的活力,使其更加贴近市场需求,从而更好地服务于学生和社会。看到高校、企业合作教育模式在提高教育教学质量、培养学生实践能力、促进经济发展等方面的显著价值,加拿大政府开始积极加入合作教育计划。政府通过财政、税收等政策手段,在合作教育的发展过程中发挥了重要的促进与推动作用,为这一模式的持续繁荣提供了有力的政策保障。

---

① 王路炯.加拿大产学合作教育的实践及其启示[J].大学教育科学,2021(2):109-117.

(二)办学特色:交互推动与多元协同

1.交互推动:学校和企业的合作协同

学校作为合作教育的实施主体,拥有对合作教育项目的全面自主权。它们能够自主决定学科或专业的选择,精心挑选合作单位,灵活安排工作时间以适应培养计划,并设定明确的毕业和学分要求。以不列颠哥伦比亚大学为例。该校的合作教育学科涵盖了艺术、理学、工科、商科、林学、人体工学,以及土地和粮食系统等多个领域,实施模式为每次连续 4 个月的工作实践,且要求学生至少完成 12 个月的工作期方能毕业。此外,学校设立了专门的服务部门,投入大量人员和经费进行项目的运行管理,确保合作教育的顺利进行。

在加拿大的合作教育体系中,企业的参与度极高,约有 75% 的参与企业来自私营部门,其余则包括联邦、省、市级政府部门、研究单位和社会机构。这种多元化的实践岗位为学生提供了广泛的就业基础和丰富的实践经验。企业通过学校提供的平台向学生发布岗位招聘信息,学生则通过学校的合作教育项目平台申请工作岗位。一旦学生进入用人单位,他们便获得了员工的身份,享受工资报酬,同时仍保留在校生的身份。这种双重身份使得学生能够更好地将理论知识与实践相结合,为未来的职业生涯打下坚实的基础。

在合作教育的工作期结束后,用人单位会根据学生在实习期间的工作表现出具评价报告。这份报告不仅是对学生实践能力的认可,也是学校和学生在认定学分时的重要依据。这种评价方式不仅体现了企业对学生在实践环节中的重视,也进一步促进了学校与企业之间的紧密合作与协同发展。

2.财政支持:政府的引导和助力

加拿大合作教育的独特之处,不仅在于其学校与企业之间的深度交互与协同,更在于政府在这一模式中扮演的积极角色。政府通过财政政策的制定与实施,为合作教育的良性发展提供了有力的引导和助力,这成为加拿大合作教育的一大显著特点。

在加拿大的财政税收体系中,联邦政府和省政府共同承担着管理职责。这一分级管理的体制为合作教育项目的财政支持提供了双层保障。联邦政府不仅直接提供资金,用于部分支付学生在用人单位工作的工资,还通过制定相关政策,鼓励更多的企业参与到合作教育中来。省政府则在此基础上,进一步对接收合作教育项目学生的用人单位进行税收减免或直接给予补贴,从而降低了企业的成本,提高了其参与合作教育的积极性。

具体而言,联邦政府的资金支持力度相当可观,每个学生可为雇主带来 4420—7300 加元的资金补助。各省的补贴措施则更加灵活多样,如安大略省为雇主提供相当于支出费用 25%—30% 的税收减免,其中包括支付给学生的工资和雇主支付给中介服务机构的费用。魁北克省则提供不高于每小时 30 加元的税收抵扣,而不列颠哥伦比亚省更是直接给予雇主每人每月 2700 加元的资助。

第三节　困境突破:现代产业学院发展路径

产业学院作为高等教育与产业界紧密结合的一种新型教育模式,在全球范围内有多种多样的实践形式。从美国的赠地学院、新加坡的"教学工厂"、加拿大的合作教育,到国内上海工艺美术职业学院"双主体运营模式"、中山职业技术学院"专业镇产业学院模式"、广东轻工职业技术大学"优势专业内生模式"、中山火炬职业技术学院"院园融合模式"和广州科技贸易职业学院"对接产业链模式",我们可以从这些成功案例中提炼出产业学院突破困境的有效路径。

一、内化筑基：精进专业架构，优化课程体系

产业学院，作为高等教育与产业界深度融合的纽带，其核心使命在于锻造契合市场需求的高端人才。为此，其首要之务在于不断优化专业架构与课程体系，实现教育供给与市场需求的无缝对接。这要求学院不仅拥有敏锐的市场触觉，更需构建一套敏捷而高效的动态调整机制，确保教育内容的时效性与前沿性。

追溯历史，美国的赠地学院之所以能够历久弥新，其秘诀在于顺应社会经济发展的潮流，灵活调整学科布局与教学内容。此等智慧，产业学院当深刻汲取。产业学院应主动牵手行业领军企业，设立权威的行业指导委员会，并定期举办高端行业论坛，以此洞悉行业风向标，精准捕捉技术革新脉搏，确保专业设置紧贴时代前沿，课程内容与市场需求同步进化。

在课程体系构建上，产业学院应追求创新与前瞻并蓄。在夯实传统学科根基的同时，勇于跨界融合，引入跨学科、跨领域的精髓课程，培育学生的综合素养与创新能力，使之成为具备跨界思维与解决复杂问题能力的复合型人才。尤为值得关注的是，应增设关于新兴技术的前沿课程，如人工智能深度探索、大数据分析实战、云计算架构设计等，使学生站在科技浪潮之巅，掌握未来产业的核心驱动力。

建立健全课程评估与反馈体系，是持续提升教学质量与人才培养成效的关键。产业学院应秉持开放包容的态度，广泛收集学生、教师及行业伙伴的多元反馈，运用科学的方法论对课程设计与教学方法进行深度剖析和持续优化。这一过程，不仅是对既有成果的审慎审视，更是对未来方向的精准预判，旨在通过不断的自我革新，引领教育潮流，共绘产教融合新蓝图。

二、外联拓路：深化校企合作，促进广泛交流

校企合作是产业学院发展的重要支撑，也是产业学院区别于传统高等教育机构的重要特征。通过与企业建立紧密的合作关系，产业学院不仅可以为学生提供更多的实践机会和就业渠道，还可以借助企业的资源和技术优势，提升自身的教学和科研水平，实现教育与产业的深度融合。

在加强校企合作方面，加拿大的合作教育模式为我们提供了宝贵的经验。产业学院应当积极寻求与企业的合作机会，共同制订人才培养方案。这意味着学院要深入了解企业的需求，将企业面临的实际问题和挑战融入课程设计中，使学生在学习过程中能接触到真实的工作场景和问题。同时，学院应提供实习实训机会，鼓励学生在企业中进行实践，积累工作经验，提升解决实际问题的能力。

除了与国内企业合作，产业学院还应注重国际交流与合作。与国际知名企业和高等教育机构建立合作关系，引进国外先进的教育理念和教育资源，可以极大地提升学院的国际影响力和教学水平。这种国际合作不仅可以带来学术上的交流，还可以为学生提供更广阔的视野和更多的机会。例如，产业学院可以通过国际学生交流项目，让学生有机会到国外企业实习或参与国际科研项目，培养他们的国际竞争力和跨文化交流能力。

在校企合作与国际交流的过程中，产业学院还应注重合作模式的创新和合作机制的完善。传统的校企合作往往停留在表面，缺乏深度和持续性。为了避免这种问题，产业学院可以探索建立校企合作联盟或产教融合共同体等新型合作模式，实现资源共享、优势互补、利益共赢。同时，应建立完善的合作机制，包括定期沟通机制、项目合作机制、成果分享机制等，确保校企合作的顺利进行和持续发展。

三、实践创新：强化教学实操，培育创新能力

实践教学与创新能力培养是产业学院教育的核心环节。新加坡的"教学工厂"模式为我们提供了一个成功的范例。该模式将企业的生产工艺和生产技术直接引入校园，使学生在真实的工作环境中进行学习和实践。这种教学模式极大地提高了学生的职业技能和创新能力，使他们能够更好地适应未来的工作挑战。

为了强化实践教学环节，产业学院需要建立一批高质量的实训基地。这些基地应模拟真实的工作环境，配备先进的设备和技术，使学生在实践中深入学习和掌握专业知识。同时，产业学院应积极与企业合作，共同开发实践课程，确保教学内容与市场需求紧密相连。

除了实践教学，产业学院还应鼓励学生积极参与科研项目。通过参与科研项目，学生可以培养科研素养，提升创新能力，并学会如何将理论知识应用于实际问题解决中。产业学院可以设立科研创新基金，支持学生开展科研项目，并邀请企业专家和行业专家为学生提供指导与帮助。

在实施实践教学与创新能力培养的过程中，产业学院需要注重以下几个方面的建设：一是师资队伍建设，产业学院应引进具有丰富实践经验和较强创新能力的教师，他们可以为学生提供更具针对性和实效性的指导；二是教学设施建设，产业学院需要投入资金更新和升级教学设施，确保学生能够在先进的环境中进行学习和实践；三是评价体系建设，产业学院应建立一套科学的评价体系，对学生的实践能力和创新能力进行全面、客观的评价。

四、协同并进：构建双主体模式，共促教育创新

双主体运营模式是产业学院发展的一种重要模式。上海工艺美术职业学院的"双主体运营模式"强调了学校和企业2个主体在人才培养过程

中的共同作用。这种模式的核心在于明确学校和企业在人才培养中的责任与分工,形成校企共育、责任共担的人才培养机制。

在构建双主体运营模式时,产业学院需要首先明确学校和企业的角色和定位。学校作为人才培养的主体,负责提供教育资源和教学服务;企业作为实践和创新的主体,负责提供实践机会和职业发展平台。通过校企合作,可以实现资源共享、优势互补,共同推动人才培养质量的提升。

为了实现双主体运营模式的成功运行,产业学院需要建立一套完善的合作机制。这包括定期沟通机制、项目合作机制、成果分享机制等。通过定期沟通,学校和企业可以及时了解彼此的需求和期望,共同制订人才培养方案和教学计划。通过项目合作,学校和企业可以共同开展科研项目、实践教学等活动,提高学生的实践能力和创新能力。通过成果分享,学校和企业可以共同分享人才培养的成果和经验,推动产业学院的持续发展。

五、特色引领:发展特色学院,彰显教育魅力

依托专业镇产业优势发展特色产业学院是产业学院发展的另一种重要模式。中山职业技术学院的"专业镇产业学院模式"为我们提供了一个成功的范例。该模式通过结合当地专业镇的产业特点和发展需求,设置与产业密切相关的专业,培养适应当地产业发展需要的高素质人才。

在实施这种模式时,产业学院需要首先对当地产业进行深入调研和分析,了解产业的发展趋势、市场需求和人才缺口等信息。然后,根据这些信息设置与产业密切相关的专业,并制订相应的人才培养方案和教学计划。同时,产业学院需要积极与当地企业建立合作关系,共同开展实践教学、科研项目等活动,提高学生的实践能力和就业竞争力。

通过与地方政府的合作,产业学院可以争取到政策支持和资金投入,推动自身的快速发展。地方政府可以提供土地、资金等方面的支持,

帮助产业学院建设实训基地、引进优秀教师等。同时，地方政府可以与产业学院共同开展人才培养、科研项目等活动，推动当地产业的创新发展。

六、融合创新：推动院园融合，对接产业链条

院园融合与产业链对接是产业学院发展的高级阶段。中山火炬职业技术学院的"院园融合模式"和广州科技贸易职业学院的"对接产业链模式"都强调了学院与产业园区、产业链的紧密对接。这种模式的核心在于构建产学研用一体化的创新平台，推动学院与产业的深度融合。

为了实现院园融合与产业链对接，产业学院需要积极寻求与产业园区、行业协会等的合作。通过与这些机构的合作，学院可以了解产业的发展趋势和市场需求，共同开展科研项目、技术转移等活动。同时，学院可以将自身的科研成果和人才资源引入产业园区，推动产业的创新发展。

在构建产学研用一体化的创新平台时，产业学院需要注重以下3个方面的建设：一是科研创新能力的建设，学院应加强科研团队建设，提高科研水平，为产业发展提供技术支持；二是人才培养质量的提升，学院应根据产业需求调整人才培养方案，培养符合市场需求的高素质人才；三是技术转移和成果转化的机制建设，学院应建立完善的技术转移和成果转化机制，将科研成果转化为实际生产力。

通过实现院园融合与产业链对接，产业学院可以与产业形成良性互动。一方面，学院可以为产业提供人才支持和技术支持；另一方面，产业可以为学院提供实践机会和就业平台。这种良性互动不仅可以推动产业的持续发展，也可以提升学院的教育质量和竞争力。

第四节　实践典范:高职院校科教融汇行动方案

一、总体要求

(一)指导思想

由杭州万向职业技术学院推出的科教融汇行动方案以习近平新时代中国特色社会主义思想为指导,践行浙江"八八战略",坚持服务学生全面发展和经济社会发展,深入实施科研兴校战略,以科教融汇为新方向,坚持以科学研究提升教育教学水平、以教育教学需求引领科学研究,坚持以顶层设计为统领、以科学研究为基础、以资源整合为动力、以人才培养为核心、以服务社会为宗旨,提升师生科技素养,提升人才培养质量,打造精品学院。

(二)目标任务

一是科教融汇体系更加完善。全面建成更加完备、更高水平、更具影响的科教融汇建设高地。二是教学全周期更加科技化。努力在专业设置、课程内容、实训实践、评价反馈等环节提升科技赋能的水准和效率。三是科研职能更加凸显。奋力开展专项研究,培育开发高价值专利和产品,完善科研平台,不断提升教师科研能力,不断推出科技创新成果,不断加强科技服务能力。四是产教融合更加深入。全力打造产学研综合体,全力建设特色产业学院和开放型区域产教融合实践中心,推动产教深度融合、精准融合、高效融合,拓宽职业教育成才通道。五是教师队伍更加高水平。倾力打造更具"双师型"实力的高水平创新团队。

(三)基本原则

一是服务现代化前景。要紧密服务于中国式现代化的伟大历史进程,将科技创新融入人才培养全过程,突出创新引领,强化人才支撑。一方面旨在培养新时期社会主义复合型技术技能人才的科技素养和科学精神，另一方面要建立切实有效的研发教学互融共促的培养模式和平台。

二是坚持瞄准高质量育人。要坚持以立德为根本，以树人为核心，以培养高质量人才为目标，从育人深度、育人广度、育人力度等方面不断融入科技元素，努力构建基于全人发展的高质量人才培养模式，为现代化建设输送优质的技术技能人才。

三是坚持提升关键性能力。要以发展关键能力为目标，服务学生发展、服务经济社会发展为出发点，紧盯科技前沿，围绕打造核心课程、优质教材、教学团队、仿真实训室、教学资源库等，做大做强学院智慧教育平台，汇聚产教资源，提升教师和学生科技素养，培养适应时代新变化的复合型技术技能人才。

四是坚持落实增值性评价。要借助科学计算考量和多元化的价值达成目标体系建设，淡化横向比较，注重自我的成长空间，通过可视化分析、定量分析和定性分析等综合评价手段，推进学校教学、科研、服务等各项工作不断产出"增量"和"成效"。

二、行动举措

（一）弘扬科学家精神，将科技创新融入人才培养全过程

一是科学家精神融入校园文化。弘扬以"爱国、创新、求实、奉献、协同、育人"为内涵的科学家精神，精心开展体现科学家精神特色的校园文化活动。积极营造崇尚科学家精神、创造创业创新的文化氛围，举办"院士进校园"系列活动，提升校园文化吸引力和感染力，争取被省级乃至国家级媒体关注、报道。

二是科学家精神融入课堂教学。创建具有科技特色的课堂，教师通过创意活动或案例授课，将科技创新的真实案例转化为学习资源，探索形成具有科技特色的课堂活动，为师生提供优质的"精神食粮"。开展科学家进

课堂活动，通过视频在线直播、现场讲座等形式与科学家面对面互动交流，接受科学精神和科学素养的熏陶。开展科学家精神宣讲大赛，学习科技工作者成长故事、奋斗故事、创新故事，组织各类科学普及活动，选拔院级优秀师生参加省科学家精神宣讲大赛，争取获奖。

三是促进科学家精神与企业家精神相融。进一步深化"三创"教育特色，将创新、育人、协同等科学家精神嫁接到冒险、创业、宽容的企业家精神中，形成更加符合时代经济发展趋势的精神合力，培养兼具科学家精神和企业家精神的复合型技术技能人才。

（二）紧跟科技前沿，提升教学中的科技含量

一是技术创新融入课程体系。首先，动态调整课程体系，紧跟科技发展、产业发展、市场需求等前沿变化，对接职业标准和工作过程的岗位核心能力培养，优化课程体系，提高人才培养与产业需求契合度。其次，开设科学素养养成课程，遵循"底层共享、中层相融、高层互选"原则，在课程体系的通识教育课程、专业共享课程、专业拓展课程中开设科学素养养成的课程。最后，坚持教学与科研互融，将学生创新项目、教师科研（技术服务）项目与教学内容、教材融合，将顶岗实习、毕业设计（作品）与科技项目同步实施。

二是科技前沿融入课程内容。一方面要更新课程内容，加强专业市场调研，瞄准技术变革和产业优化升级方向，对接行业、企业岗位标准，将新技术、新工艺、新规范、新产品、新业态、新模式融入课程内容，推动教学改革；另一方面要开发新形态教材，邀请科研机构、企业行业专家参与教材设计和教材编写，校企双元开发活页或工作手册式教材，以及新形态教材，争取立项省教育厅重点资助教材、国家规划教材项目，积极申报省、国家优秀教材奖。

三是深化岗课赛证综合育人。一方面要健全学生竞赛机制，构建"初赛人人参与、省赛选拔参与、国赛集训参与"的三级学生竞赛组织管理体系与机制，全面推进"赛—教—训"融合，以竞赛的先进性与创新性引领教学改革,把大赛打造成展示学校办学实力的窗口、检验教师教学效果的试金石、锤炼学生动手能力的练兵场;另一方面要全面开展"1+X"证书制度试点,推进课证融合,使学生具备与企业岗位需求相匹配的职业综合素质,提升学生的职业行动能力。

(三)强化科研职能,提升科研的支撑能力

一是强化专业领域的应用研究。首先,开展专项课题研究。紧扣学院专业、学科发展导向开展应用研究,培育高水平科研课题和企业技术需求类课题。遵循"企业出题、学校接题、师生解题"模式,校企协同共同提升师生研发能力。其次,开展高价值专利培育布局。让学生以多种形式深度参与教师的纵横向课题、专利项目等,强化专业技术能力产业化应用。最后,促进科技成果转化。制定科技成果转化制度,充分调动教师的积极性。

二是强化教育科学研究。紧扣提升教育教学质量和打造 4 张"金名片"特色开展专项课题研究,以科研成果更新教学内容,提升教育教学水平。一方面要建设浙江省高校思想政治文库,推动学院思想政治工作创新发展,形成推进素质教育的新范式,打造省级标杆;另一方面要凝练课堂革命典型案例,组织评选活动,并总结和提炼教师深入推进职业教育教学改革的做法和经验,形成典型案例成果册,辐射全省乃至全国。

三是提升行动研究。首先,中层及以上干部领衔研究、解决实际工作中的具体问题,提高工作效能,力争形成标志性成果。其次,教师与服务管理人员把从教学和工作中发现的问题,思考凝练成研究课题,进而促进教师的教学水平与行政人员的管理水平不断提升。最后,服务管理人员要以科研精神态度聚焦工作中的难点,以研究的方式分析探索解决问题。

(四)推进产教融合,打造高水平技术创新平台

一是促进产教深度融合。首先,健全五方联动机制,推进与一流科研院所的合作,由学校、政府部门、行业协会、知名企业、科研院所共建产业学院,形成产学研相互支撑的一体化发展新模式,构建产学研综合体。其次,建设特色产业学院。以立德树人为根本任务，以产教融合为牵引，以校企合作为依托，以学生发展为中心，突破传统路径依赖，聚焦服务产业发展，探索产业学院建设新模式。最后，建设开放型区域产教融合实践中心，探索建设集实践教学、社会培训、真实生产和技术服务功能为一体的学校实践中心。

二是加强平台建设。首先，建设虚拟仿真实训室，利用虚拟仿真实验室把课堂教学打造为新型的沉浸式课堂教学，让学生进行自主体验、自主探究与协作学习。其次，立足杭州城市研究，培育杭州市社科重点研究基地。打破学科和机构间的壁垒，加强与其他研究基地、政府、企业、研究机构的深层次合作，以实施重大研究课题为抓手，注重理论与应用研究的"双加强"，汇聚本土资源，为研究基地充分释放潜能提供有利条件。最后，优化学院科研平台能级，动态调整学院 8 个研究所、4 个研究中心，通过整合创新，提升平台能级。

三是推进职普融通。首先，组建职普基地，依托学院实训基地建设一批中小学生职业体验中心或研学基地，推进资源面向基础教育阶段学校全面开放。其次，构建职业体验课程体系，根据学院专业设置，建立涵盖食品加工类、财经商贸类、旅游服务类、非物质文化类等专业类别的职业体验课程框架。最后，打造职普"双师"团队，系统设计研训活动，培养教师推进职业体验的专业能力。

（五）重塑创新型师资结构，提升师生科技素养

一是培育高水平创新团队。培育院级高水平教师教学创新团队、科技创新团队、中高职一体化教师教学创新团队，争创杭州市创新团队、省级职业院校教师教学创新团队、省级中高职一体化教师教学创新团队。强化产教对接协同，培育现场工程师试点专业 1 个，积极申报国家职业教育现场工程师培养计划。

二是深入实施"双百工程"。聘请院士、科学家、一流大学的前沿教师参与教学科研、专业建设、人才培养，提升教师的科研能力，提高学生的科学素养。打造"技能大师工作室"，把握本专业领域的最新和最前沿科研动态。打造"高水平"双师队伍先锋队，以高端引领示范推动教师队伍建设；推行教师企业"深耕"实践，通过"定制式"企业职场锻炼，推动教师实践操作技能、技术创新水平提升；开展"一师一方案"个性化培养，精准施策，促进教师专业发展。

三是提升科技素养。提升科协组织力，定期组织院科协工作会议，开展科协活动。开展科技培训，师生通过学院组织、自主学习等方式参加科技培训，每年不少于 2 次。开展科普活动，组织优秀科教团队深入社区开展科普志愿活动，提升师生科学素养。开展科技竞赛，通过组织院级各类科技竞赛、评选科技达人等方式激发学生创新热情和科学探索精神，争取在浙江省国际大学生创新大赛、中美青年创客大赛和"挑战杯"中国大学生创业计划竞赛等比赛中获得荣誉。

（六）融入学院的"四大"特色，培育标志性成果

一是国际化教育，继续用科技的力量放大"中美十万强"项目的效用。在项目内容设置、项目组织、项目互动、项目拓展、项目反馈等方面提高科技元素和应用比例。注重用 VR、AR、MR、裸眼 3D、全息投影、交互投影、AI 交互等各种科技手段增强中国特色文化的体验感和交互能力，使外国友人能感受到中国的古与今、传统与现代交相辉映的魅力。

二是全人教育，注重五育并举，全面发展，多元评价。在推进"全人发展指数"，引导学生形成"七彩核心素养"的过程中融入科技元素。在教育内容、教育模式、教育资源获取等方面注重科学规划和科技引领。在分析学生主体行为、判断学生成长足迹、评判学生成长状态的过程阶段代入全面系统的科学算法。

三是美好教育，注重科技跨界的应用，借鉴国家精品在线课程等优质教育资源，实现资源的共享和合作，促进更加美好的教育体验。注重个性化教育，通过线上线下相结合的混合式学习模式，为学生提供量身定制的教育方案，让每个学生都能获得最佳的学习效果。注重跨文化交流，通过视频会议、在线讨论等方式与来自不同地区和不同文化的学生进行互动,拓展国际视野和交流能力。

四是"三创"教育,引领学生立足自我专业和职业兴趣。在创造、创业、创新活动中加入科学培训、科学指导、科学评估。积极建设"三创"教育实践基地,鼓励大学生参加创新创业大赛,投身专利设计、发明创造,用新思维、新工艺、新技术彰显学生在学习、实践、就业、创业过程中的风采。

三、保障措施

一是加强领导。成立学院科教融汇工作领导小组,全面加强对科教融汇工作的统筹、领导和协调。二是营造氛围。部门、系等二级单位要采取定期与不定期相结合的方式,通过每月组织一次主题研讨会,采取头脑风暴、主题分享交流,集思广益,相互学习研讨,促进科教融汇各项工作开展,形成有推广价值的标志性成果。三是强化责任。部门、系等二级单位要深刻认识开展科教融汇行动的重要性、紧迫性,切实扛起责任,按照方案确定的重点目标,着力抓好各项任务落实,确保政策到位、措施到位、成效到位。四是健全机制。建立以"成果为导向、项目为抓手、人才为关键、机制为保证"的推进策略。加强监督成果应用,对工作成效突出的部门和个人给予表彰,纳入年终绩效考核。

第三章

追求未来性:探索数字教育新实践

教育部部长怀进鹏提出,数字化转型是世界范围内教育转型的重要载体和方向。[①] 以数字化转型推动职业教育创新发展是新时代赋予职业院校的历史使命,也是职业教育主动服务国家战略、服务经济社会发展的必然选择。

随着我国经济步入新常态,传统的增长动力正逐渐衰退,依赖粗放型增长方式已不再是可行之路。在这一背景下,我们必须寻求新的发展引擎,以创新为驱动力,催生新的经济增长点,从而不断提升经济发展的质量和效益,拓展新的发展领域。我们的目标是实现经济的中高速增长,并推动产业向中高端水平迈进。通过对全球环境的深入分析,我们可以更为清晰地认识到中国在全球创新版图中的定位,以及中国产业创新能力的真实状况与面临的挑战。这些为我们改革创新人才培养模式提供了宏观的背景和方向。

新质教育的未来导向性深深根植于其具有前瞻视野的教育理念,以及

---

① 怀进鹏.数字变革与教育未来:在世界数字教育大会上的主旨演讲[EB/OL].
(2023-02-13)[2024-06-10]. http://www.moe.gov.cn/jyb_xwfb/moe_176/202302/t20230-
213_1044377.html.

对教育创新和变革的深入洞察。它不仅充分满足了当下的教育需求,更进一步着眼于培育能够适应未来复杂多变社会需求的高素质人才。在这一宏伟目标下,数字化转型被视作一个至关重要的实施路径。它紧密贴合数字化时代的发展脉搏,通过融合虚拟现实、人工智能等尖端技术,显著优化了教学效果,丰富了学习体验,实现了高度个性化的学习模式。更重要的是,数字化转型打破了地域的藩篱,有力地推动了教育资源的均衡分布,促进了教育公平,为新时代创新人才的培养和新质生产力的发展奠定了坚实基础。本章将深入分析教育领域数字化转型的最新研究进展,系统梳理相关理论和实践成果,积极借鉴国外的成功实践与先进经验,以期为我国当前及未来的教育改革提供有价值的参考,同时进一步探讨适合我国国情的教育数字化发展道路,结合具体案例,力求为我国教育改革提供全新的视角和思路。

第一节　环境扫描:高校创新力审视与问题剖析

一、国家创新能力的国际比较

国家创新能力是指一个国家或经济体长期持续推出创新性技术的能力,涵盖创新基础设施、产业集群环境、科技与产业联系、国际技术吸收等多方面因素,是衡量国家或地区在科技创新、产业升级、经济发展中综合实力的重要标志。

(一)从全球经济体排名看国家创新能力

2023 年 9 月 27 日世界知识产权组织发布的《2023 年全球创新指数报告》(Global Innovation Index 2023,GII 2023)显示,瑞士、瑞典、美国、英国和新加坡是 2023 年全球最具创新力的经济体,而一批中等收入经济体成为过去 10 年来排名上升最快的国家,中国排名第 12 位。[①] GII 2023 使用 80 个指标跟踪 132 个经济体的全球创新趋势,为决策者和商界领袖激发人类才智提供指导。

中国在 GII 2023 中的总体排名为第 12 位,相较于 2022 年的第 11 位略有下降,但仍然稳居全球创新排名的前列,是前 20 名中唯一的中等收入经济体(见表 3-1)。多年来,我国全球创新指数稳中有进,持续上升,尤其是党的十八大召开以来创新能力和水平提升显著。我国全球创新总指数 2013 年居世界第 35 位,2016 年跻身世界前 25 强(第 25 位),较 2010 年的历史最低排名(第 43 位)上升了 18 位。2018 年首次跻身世界前 20 强(第 17 位),2022 年排名创历史最高(第 11 位),较 2010 年上升 32 位。2023 年我国全球创新总指数居世界第 12 位,为历史第二高水平。[②] 这一成就充分体现了国家在经济转型和创新驱动发展方面的坚定决心和显著成效。

表 3-1　2023 年全球 Top20 经济体

排名	经济体名称	排名	经济体名称
1	瑞士(2022 年第 1 位)	11	法国(2022 年第 12 位)
2	瑞典(2022 年第 3 位)	12	中国(2022 年第 11 位)
3	美国(2022 年第 2 位)	13	日本(2022 年第 13 位)
4	英国(2022 年第 4 位)	14	以色列(2022 年第 16 位)
5	新加坡(2022 年第 7 位)	15	加拿大(2022 年第 15 位)
6	芬兰(2022 年第 9 位)	16	爱沙尼亚(2022 年第 18 位)
7	荷兰(2022 年第 5 位)	17	中国香港(2022 年第 14 位)
8	德国(2022 年第 8 位)	18	奥地利(2022 年第 17 位)

① 环球时报.全球创新,新兴经济体为什么"超预期"? [EB/OL]. (2023-12-27) [2024-06-10]. https://baijiahao. baidu. com/s? id=17863860605993391938&wfr=spider&for=pc.

② 李海阳.全球创新指数视角下的我国创新能力研究[J].中国国情国力,2024(2): 4-8.

排名	经济体名称	排名	经济体名称
9	丹麦(2022 年第 10 位)	19	挪威(2022 年第 22 位)
10	韩国(2022 年第 6 位)	20	冰岛(2022 年第 20 位)

(二)从全球科技集群排名看国家创新能力

在 GII 2023 的科技集群排名中,中国的表现尤为抢眼。全球百强科技集群中,中国有 24 个集群上榜,较 2022 年的 21 个有所增加,数量首次跃居世界第一,超过了美国等其他发达国家。具体来看,全球排名前 5 的科技集群中,有 3 个来自中国,它们分别是深圳—香港—广州科技集群、北京科技集群和上海—苏州科技集群(见表 3-2)。

表 3-2　全球十大科技集群排名

排名	集群名称	所属经济体
1	东京—横滨	日本
2	深圳—香港—广州	中国
3	首尔	韩国
4	北京	中国
5	上海—苏州	中国
6	加利福尼亚州圣何塞—旧金山	美国
7	大阪—神户—京都	日本
8	马萨诸塞州波士顿—剑桥	美国
9	加尼福尼亚州圣地亚哥	美国
10	纽约州纽约市	美国

在过去 5 年里,深圳—香港—广州科技集群每百万居民平均提交了 2291 件国际专利申请,并发表了 3092 篇科学文章。[①] 其中华为提交了

---

① 刘亮.深港穗科技集群何以名列前茅[EB/OL].(2023-10-16)[2024-06-10].https://baijiahao.baidu.com/s?id=1779863619712915901&wfr=spider&for=pc.

25673 份国际专利申请,占据整个集群的 23%;OPPO 和中兴分别以 8341 项和 6451 项专利位列第 2 和第 3。在这些专利项目中,26% 属于数字通信领域,20% 涉及计算机技术,7% 是视听技术,6% 为通信技术,另外还有 6% 涉及电气工程。至于发表的科学论文,中山大学、华南理工大学和深圳大学分别是该集群发表论文最多的 3 所大学。

在北京科技集群中,国际专利贡献最多的 3 家公司分别是京东方、小米和字节跳动。其中,25% 的专利项目属于数字通信领域,17% 涉及计算机技术,9% 是视听技术,8% 属于半导体技术。至于科学论文发表方面,清华大学、北京大学和中国科学院大学分别是发表数量最多的 3 所大学。

在上海—苏州科技集群中,国际专利数量排名前 3 的公司分别是瑞声科技、中兴通讯和苏州大学。专利项目中,10% 属于数字通信领域,10% 涉及计算机技术,8% 是电气工程,7% 属于制药业,6% 为医疗技术,5% 为有机精细化学。上海交通大学、复旦大学和同济大学是该集群中发表科学论文数量最多的 3 所大学。

因此,中国在全球创新与技术发展的舞台上,正迅速崛起为不可忽视的力量。作为世界上人口最多的国家,中国不仅在研发支出上位居世界第 2,仅次于美国,而且研究投入的增长率高达 9.8%,这显示了国家对科技创新的高度重视和持续投入(见表 3-3)。同时科技创新已经深度融入了粤港澳大湾区建设、京津冀协同发展和长三角一体化发展等国家重大战略,成为推动产业经济发展的强劲引擎。

表 3-3 跻身世界前 15 名创新国家之列的成就

排序	国家	主要成就
1	瑞士	连续 13 年在全球创新指数中保持榜首。强大的创新生态系统得到完善的研究机构、高水平的研发支出和有利的监管环境的支持
2	瑞典	在商业复杂性方面处于世界领先地位,并拥有顶尖的研究人员。人力资本的强劲表现为其高排名奠定了基础

续　表

排序	国家	主要成就
3	美国	硅谷和世界知名大学的所在地。美国在研发投资方面的得分最高
4	英国	优势在于其知识密集型服务和全球研发公司。其市场成熟度排世界第3位
5	新加坡	凭借其战略位置、亲商政策和对知识型产业的重视,新加坡是排名最高的亚洲国家
6	芬兰	基础设施排世界第1位。对教育和研究的重视,加上公共和私营部门之间的合作方式,推动了其创新的成功
7	荷兰	商业成熟度排世界第8位。其开放的经济和在欧洲的战略位置使其成为创新和创业的中心
8	德国	在人力资本和研究方面排世界第4位,它是制造和技术驱动创新领域的全球领导者
9	丹麦	在基础设施方面排世界第3位,在该类别的环境绩效方面名列前茅
10	韩国	2021年韩国的研发投资预算增长了7.1%。对电子和电信的重视使其成为亚洲科技强国
11	法国	在工业设计和原创商标方面得分很高。法国以其对数字创新的承诺而闻名,特别是在人工智能和金融科技等领域
12	中国	中国的研发支出排世界第2位,仅次于美国。在最新排名中,其研究投入增长了9.8%
13	日本	日本是世界上最大的科学技术集群的所在地,总部位于东京,是亚洲专利申请量排名前3的国家
14	以色列	通常被称为"初创国家",其知识和技术产出排世界第5位
15	加拿大	加拿大的研究机构和政府政策一直支持创新。其市场成熟度排世界第4位

二、我国创新型人才分析

(一)我国科技人才现状

首先,总量丰富。根据《中国科技人力资源发展研究报告(2020)》的统计数据,2020年中国科技人力资源的总量达到令人瞩目的11234.1万人,稳居全球领先地位。这一数据不仅充分展现了中国在科技领域坚实的人才基础,而且成为衡量国家综合实力及发展潜力的关键指标。

其次，学历结构优化。深入分析我国科技人力资源的学历结构，可以观察到一种长期形成的金字塔式分布：专科层次占据主体，本科层次次之，研究生层次相对较少。同时，一个积极的趋势是，本科及以上学历的科技人力资源比例在稳步提升，这标志着我国科技人力资源的学历结构正在经历持续的优化过程。[①]

再次，年轻化趋势明显。从学科背景的维度来看，工学背景的科技人力资源一直占据主导地位。报告显示，截至2019年底，工学背景在科技人力资源中的占比高达55.84%，这凸显了工学在我国科技发展中的核心和引领作用。同时，我国科技人力资源表现出明显的年轻化特征，39岁及以下的人员占比约为3/4，这无疑为我国的科技创新发展注入了持续的动力。

最后，性别比例趋于平衡。女性科技人力资源的增长速度显著，她们在科技领域的占比也在持续攀升，从2005年的约1/3提升到2019年的约40%，性别比例更加趋于均衡。这预示着未来科技领域的性别构成将趋向更加均衡的状态。

(二)存在的问题

1.高端人才相对匮乏

一是世界一流科技人才稀缺。尽管我国科技人才总量庞大，位居世界前列，但在高端、顶尖科技人才方面，与世界科技强国相比仍存在显著差距。据《中国科技人才发展报告(2022)》，尽管中国科学家在世界高被引科学家名单中的数量有所增长，但这一数字在我国庞大的科技人才队伍中所占比例仍然较低。世界一流科技人才在推动原始创新和突破关键核心技术方面具有不可估量的价值，其稀缺性直接影响到我国在国际科技竞争中的地位和影响力。

---

① 高雅丽.我国科技人力资源规模居世界首位[EB/OL].(2022-06-27)[2024-06-10].https://finance.sina.com.cn/tech/2022-06-27/doc-imizmscu8904573.shtml.

二是顶尖科学家流失问题。我国不乏在国际上取得卓越成就的科学家。然而，令人遗憾的是，部分顶尖科学家在职业生涯的某个阶段选择前往国外发展，导致我国科技人才资源流失。这一现象反映出我国在科研环境、经费支持、激励机制等方面与国际先进水平相比仍存在一定的差距。科研经费分配制度的烦琐、申请流程的复杂，以及相对较低的科研经费支持，都是影响科学家选择流向国外的主要因素。

2. 创新能力有待提升

一是原始创新能力需加强。原始创新是科技发展的核心动力，但我国在这方面仍有待加强。虽然近年来我国在高铁、5G 通信、超级计算机等领域取得了显著成就，但在一些关键核心技术领域，如芯片制造、高端医疗设备、新材料等，仍面临被"卡脖子"的风险。这凸显了我国在基础科学研究、前沿技术探索等方面的投入和积累尚显不足，原始创新能力急需得到提升。

二是集成创新能力需提升。集成创新是将多个单项技术或产品进行创造性融合，形成具有市场竞争力的新产品或新服务的能力。尽管我国在某些领域已经展现出了较强的集成创新能力，但在高科技产业中，集成创新的效率和质量仍有待提高。这要求我国在加强跨学科、跨领域合作的同时，更加注重培养具备系统集成思维和能力的科技人才，以推动集成创新的发展。

3. 人才结构需进一步优化

一是人才层次结构需调整。尽管我国科技人才总量庞大，但人才层次结构不均衡的问题依然突出。由于传统学科与新兴学科发展历史惯性，人才数量不均。大量科技人才属于二流、三流水平，而真正具备世界一流水平的科技人才相对较少。这种不均衡的人才层次结构直接制约了我国的科技创新能力和国际竞争力。因此，我国需要加大对高端人才的培养和引进力度，同时注重提升整体科技人才队伍的素质和能力，以构建更加均衡的人才层次结构。

二是学科结构需与时俱进。随着科技的快速发展和时代的变化，一些传统学科逐渐失去了其主导地位，新兴学科则迅速崛起。我国的人才学科结构仍存在一定的惯性，导致很多传统学科在人才培养和资源分配方面占据优势，而新兴学科的发展受到抑制。为了应对这一挑战，我国需要在学科结构调整上更加注重市场需求和未来发展趋势，灵活调整学科专业结构，以促进新兴学科的发展。

三是区域分布结构需均衡。我国科技人才的区域分布存在明显的不均衡现象。高端人才大多集中在东部经济发达地区或科技活动较为活跃地区，而中西部地区的科技人才资源相对匮乏。这种不均衡的分布结构不仅影响了区域经济的均衡发展，也制约了全国科技创新能力的提升。因此，需要通过政策引导和市场机制相结合的方式，促进科技人才向中西部地区合理流动和分布，以实现科技人才的均衡布局。

第二节　学理阐释:教育数字化研究进程与展望

"数字化"是指通过运用人工智能、云计算、区块链等先进的数字技术，深入挖掘现有数据资源以创造新的价值，其目的在于全面释放技术生态系统的潜力，实现信息化水平的进一步提升。在当前数字经济迅猛发展的背景下，数字化转型趋势日益显著，教育领域亦不例外，正加速迈入数字化转型的"快车道"。推动数字技术与教育体系的深度融合，已成为全球教育发展的重要方向。这一转型过程正引领着教学模式、教学过程和评价方式等各个方面的深刻变革，旨在构建一个更加优质、公平、高效的教育格局，并营造出一个更具包容性、柔韧性和可持续性的良好教育生态环境。2024年1月教育部发布的《一年来教育数字化工作进展总体情况》报告，充分展示了教育数字化在全国范围内的积极推进和显著成效。在这一宏观背景下，高职教育数字化的研究现状不仅反映了当前技术应用和教育创新的融合程度，更预示着未来高职教育的发展趋势。

一、数据来源

研究热点是指学术界中某个受到广泛瞩目的核心议题，并且在特定时段内催生了大量的相关学术文献与研究成果。关键词不仅是文章核心论点的凝练表达，更是引导我们深入理解研究热点内容的重要指向标，能够精准地揭示文章的主旨要义。在进行研究热点分析的过程中，我们必须严谨地收集并分析关键词的词频、中心度等核心参数，以确保能够准确提炼出最具代表性的关键词。通过这些提炼后的关键词，我们能够更为深入地探索当前学术界的研究热点与前沿动态。

在中国知网中，我们以"教育信息化"或"教育数字化"和"高职"为关键词，针对 CSSCI 和北大核心期刊进行主题搜索。为确保数据的学术性和准确性，我们进一步通过人工筛选，剔除了新闻报道、期刊文摘、专栏介绍、书评、动画作品等非学术性内容，并删除了重复文献，最终获得有效学术文献 147 篇（截至 2024 年 5 月）。我们把这些文献数据导入 CiteSpace 软件中进行数据格式转换，并对关键词进行聚类图谱的构建与分析，以更精确地揭示高职院校心理教育的研究热点与趋势。通过分析得出词频≥2 次的高频关键词，这些高频关键词是职业技术教材研究领域应用最广的专业术语，也是该领域学者共同关注研究的方向，具体如表 3-4 所示。

表 3-4　教育数字化关键词频次表

序号	词频/次	中介中心性	开始时间/年	关键词	序号	词频/次	中介中心性	开始时间/年	关键词
1	36	0.36	2001	高职教育	17	4	0.01	2015	教学资源
2	17	0.21	2001	信息化	18	2	0.02	2015	数字校园
3	58	0.66	2006	高职院校	19	3	0.03	2016	校企合作

序号	词频/次	中介中心性	开始时间/年	关键词	序号	词频/次	中介中心性	开始时间/年	关键词
4	2	0.01	2006	自主学习	20	2	0	2016	教育资源
5	2	0.04	2006	策略	21	3	0.03	2018	云平台
6	5	0.08	2007	人才培养	22	6	0.06	2019	智慧教育
7	2	0.03	2007	信息技术	23	3	0.07	2019	大数据
8	4	0.01	2010	创新	24	4	0.06	2020	产教融合
9	2	0	2010	网络课程	25	4	0.08	2020	数字化
10	2	0	2010	教材建设	26	3	0.02	2020	智慧校园
11	5	0.04	2011	教学模式	27	2	0	2020	高职学生
12	2	0.03	2012	一体化	28	2	0.01	2021	现实困境
13	2	0	2013	课程改革	29	2	0.01	2022	数字经济
14	2	0	2014	资源共享	30	2	0	2023	高职教师
15	7	0.13	2015	教学改革	31	2	0	2023	高质量
16	3	0.01	2015	互联网＋					

二、趋势分析

从近年的论文发表数量来看,高职教育数字化研究呈现出稳步上升的趋势(见图 3-1)。这种趋势通过线性分析得到了进一步的确认,显示出该领域的研究热度和关注度都在持续提高。数字化技术的快速发展和应用,为高职教育带来了新的教学模式和教育理念,使得高职教育数字化研究成为当下的热门议题。随着更多研究者加入这一领域,不断探索数字化技术在高职教育中的创新应用,可以预见,在未来,高职教育数字化研究将会有更广阔的发展空间和研究前景。这种上升趋势不仅体现了高职教育领域对数字化技术的重视,也预示着数字化技术将在高职教育改革和发展中发挥越来越重要的作用。

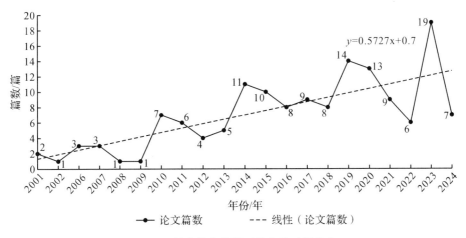

图 3-1　教育数字化期刊论文的时间分布

三、我国教育数字化发展历程与现状

(一)教育数字化建设萌芽阶段(1978—2009 年)

自 1978 年中央电化教育馆成立以来,中国教育信息化的历程便由此展开。这一里程碑事件标志着中国开始系统地推进教育的技术革新与信息化进程。随后,华南师范大学、华东师范大学等国内知名高校积极响应,开设了电化教育的四年制本科专业,进一步促进了教育信息化在高等教育层面的实践与探索。教育部在这一时期连续发布了一系列具有指导性的文件和计划,以加快教育信息化的步伐。例如,1998 年教育部发布《面向 21 世纪教育振兴行动计划》,其中明确提出了实施"现代远程教育工程"的构想。该计划的目的是构建一个开放的教育网络,为全体国民提供终身学习的机会与平台,这无疑为中国教育信息化的发展奠定了坚实的基础。紧接着在 1999 年,中共中央、国务院印发了《关于深化教育改革全面推进素质教育的决定》。该文件着重强调了要大力提升教育技术手段的现代化水平和教育信息化的程度,从而确立了教育信息化在教育改革和素质教育推进中的核心地位。这一决定不仅凸显了国家对教育信息化的高度重视,也为后续的相关政策和实践提供了明确的指导和方向。

　　这一阶段新出现的关键词有：高职教育、信息化、高职院校、自主学习、策略、人才培养、信息技术。首先，此阶段的显著特征是高职教育和高职院校在信息化方面的积极探索，它们成为这场变革的重要阵地。信息化的核心是将传统纸质教学材料转化为电子化的数字信息，这不仅标志着数据生成的新起点，也为后续教育大数据的应用奠定了基础。其次，在这一过程中，自主学习和策略成为关键要素，推动了学生和教育机构对于信息化资源的有效利用。同时，人才培养模式的转变与信息技术的发展紧密相连，高职院校开始注重培养具备信息技术能力的新型人才。最后，基础设施如网络、感知装置、交互式课堂设备和个人学习终端等的建设，为教育资源的数字化提供了重要支撑，进一步推动了教育业务的数字化进程。这些基础设施的完善不仅促进了教育资源的整合与共享，还有效缓解了教育资源分布不均的问题，为教育领域的持续发展注入了新的活力。

（二）教育数字化应用快速发展阶段（2010—2016年）

　　2012年3月，教育部发布了《教育信息化十年发展规划（2011—2020年）》，其中明确指出以应用为驱动的核心工作方针，并坚定地以教育信息化作为推动教育现代化的重要手段。同年9月，在全国教育信息化工作电视电话会议上，刘延东创新性地提出了"三通两平台"的理念。她着重强调，我们应以构建"三通两平台"为工作重点，以实际应用为引导方向，从而加速推进教育信息化体系的建设，并逐步优化教育信息化基础设施。在相关政策的积极推动下，中国教育开始迈入信息化应用的迅速成长阶段。在此阶段，宽带互联网及信息化终端设备在各级学校中得到了广泛普及。教师、学校及教育主管部门均开始重视利用信息技术以提升教学质量和管理效能。尽管此阶段教育信息化应用已有所发展，但其深入程度仍显不足，与教育的各个环节的融合度有待提高。引入信息化技术并未能引发教学与学习结构的深度调整和模式的根本性变革。

这一阶段新出现的关键词有:创新、网络课程、教材建设、教学模式、一体化、课程改革、资源共享。教育业务数字化逐渐显现为主要趋势,这背后的驱动力主要是为了满足日益增长的平台需求。随着教学资源的逐步信息化,与教学紧密相关的各项业务活动,包括教学和师生管理等,也开始走向数字化。在这一阶段,创新成为推动教育领域发展的关键动力,特别体现在网络课程和在线平台的快速发展上。例如,数字化教学催生了在线课程平台的崛起,这些新兴平台为学习者提供了丰富的网络课程资源,并对教材建设和课程改革产生了积极影响。同时,"一网通办"等管理平台的出现,显著简化了师生管理流程,提高了管理效率。值得一提的是,这一阶段的教育业务数字化过程中产生了丰富的教育大数据。这些数据不仅被用于优化教学、改善业务流程,还成为推动教学模式创新的重要基础。资源共享也成为此阶段的核心理念之一,通过数字化手段,我们实现了教育资源的有效整合与共享,显著提升了教育资源的利用效率,为教育领域的持续发展注入了新的活力。

(三)教育数字化创新发展阶段(2017 年至 2024 年 5 月)

2018 年 4 月,教育部发布了《教育信息化 2.0 行动计划》,其中设定了到 2022 年应达成的"三全两高一大"的发展目标,旨在实现教学应用对所有教师的全面覆盖,学习应用对所有适龄学生的全面覆盖,数字校园建设对所有学校的全面覆盖,同时显著提升信息化应用水平和师生的信息化素养,并成功构建"互联网+教育"的大平台。

在此阶段,信息技术与教育教学实现了深度融合,信息技术开始重塑传统的教学模式。学校和教育机构开始依托信息化技术,对其组织管理架构进行根本性的改革与重构。教学改革、互联网+、教学资源、数字校园、校企合作、云平台、智慧教育、大数据、产教融合、数字化、智慧教育等关键词频繁出现(见图 3-2),反映了教育领域在数据驱动下的深刻变革。随着教育资料和业务数字化的不断推进,如何有效利用这些数据,提升教育治理能力成为新的关注点。然而,数据质量和共享的挑战在一定程度上限制了教育治理数字化的进程。为了解决这些问题,当前阶段的目标聚焦于提高教育数据的高质量融合与共享、高效率挖掘分析和高价值开发利用等能力。为实现这些目标,教育领域正在积极探索大数据驱动的教育治理方法体系。① 通过收集、整合和分析各类教育数据,为教育管理和服务提供更为精准、高效的支持,这不仅有助于提高教育管理与服务效率,还能推动教育数字化转型,满足高职学生和高职教师在新时代的教育需求。同时,面对现实困境和数字经济的快速发展,产教融合、校企合作等模式应运而生,为培养高质量人才提供了新的路径。在这一过程中,数字化技术发挥了关键作用,不仅促进了教育资源的优化配置和高效利用,还为教育领域的持续创新和发展注入了新的活力。

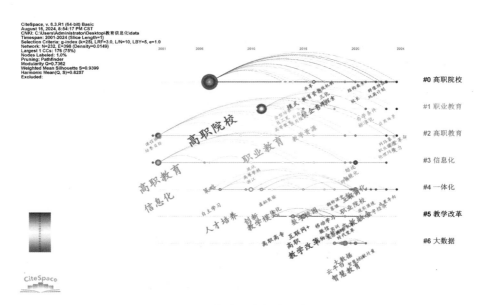

图 3-2　教育数字化时间线

---

① 钱海红,王茂异,熊璒.高等教育数字化转型的现状与发展研究[J].大数据,2023(3):56-70.

第三节　他山之石:教育数字化变革国际经验与启示

2022 年,在第三届世界高等教育大会上,联合国教科文组织发布了《超越极限——重塑高等教育的新路径》报告,明确指出数字化是推动高等教育重塑的关键因素之一。[①] 同年 9 月,联合国"教育变革峰会"进一步强调,数字革命有望成为确保全民享有优质教育,并转变教师教学方式与学生学习方式的最有力工具。与此同时,我国教育部在《教育部高等教育司2022 年工作要点》中明确提出了完善高等教育教学数字化体系的"十大板块"建设目标。这一系列举措表明,中国与世界各国都深刻认识到教育数字化对于提升教育质量、促进教育公平的重要性,并积极出台相关政策以推动其发展。

一、加强教育数字化顶层设计

美国自 1996 年起,其教育部就开始发布、实施《美国国家教育技术计划》,并且该计划会定期更新,以确保教育技术能够始终与时代发展保持同步。此后,美国相继发布了多项重要报告和计划,如 2012 年的《通过教育数据挖掘和学习分析促进教与学》、2020 年和 2021 年的《地平线报告(教与学版)》,体现了对教育数字化发展的持续关注与推进。2021 年 3 月,时任美国国务卿安东尼·布林肯在外交演讲中更是明确指出,将"确保美国的技术优势地位"作为优先事项之一。[②] 2022 年,美国又发布了《促进全民

---

① 张民选,薛淑敏.高等教育数字化转型的全球迭代与发展[J].中国高等教育,2023(Z3):27-30.

② 王景,李延平.聚势赋能:美国教育数字化转型的新动向[J].比较教育研究,2023(7):25-36,112.

数字公平：制定有效数字公平计划的社区建议，以消除数字鸿沟并实现技术赋能学习》。这一系列举措彰显了美国对教育数字化发展的高度重视和持续投入。

德国自 2014 年起便开始了对教育数字化转型的深入布局，先后发布了《数字化行动议程（2014—2017 年）》和《数字化战略 2025》，为教育数字化的发展奠定了坚实的基础。此后，德国相继推出了《"数字型知识社会"的教育战略》《数字化教育世界 2030》《"数字世界中的教育"战略》等一系列重要文件，进一步明确了教育数字化的发展目标和路径。[1] 在具体实施上，德国政府采取了有力的举措。例如，2019 年推出的教育数字化转型多项举措，包括《"数字集成学校"2019 至 2024 年的管理协议》，旨在推动学校层面的数字化转型。2021 年，德国建立了"国家教育数字化平台"，并发布了《数字教育计划》，为教育资源的数字化和共享提供了有力的支持。此外，德国特别注重高等教育在数字化转型中的引领作用。数字时代德国高等教育论坛的成立，标志着德国开始全面推进高等教育的数字化转型。在这一进程中，国际化被视为关键议题之一，德国致力于与国际伙伴共同探索教育数字化的新路径和新模式。

日本于 1963 年首次提出了信息化的概念，这一年因此被称作"日本教育信息化元年"。此后，日本政府相继推出了 e-Japan 2000、覆盖 2004 年至 2010 年的 u-Japan 战略，以及 2009 年至 2015 年的 i-Japan 战略等不同的发展理念。到了 2016 年，日本政府开始采用"Society 5.0"这一新概念，旨在构建一个虚拟空间与现实空间深度融合的超智能社会（Smart Society）。通过制定长期规划、加强立法保障、成立专门机构和推动技术创新等手段，日本政府正致力于打造一个更加公平、高效、富有创新力的教育数字化生态系统。自 2016 年起，日本政府通过发布"科学技术基本计划"，为教育数

① 钱海红，王茂异，熊璶. 高等教育数字化转型的现状与发展研究[J]. 大数据，2023 （3）：56-70.

字化改革奠定了政策基础。随后,在 2017 年,日本制定了《面向教育数字化改革的五年计划(2018—2022 年)》,明确了教育数字化改革的具体目标和实施路径,标志着日本教育数字化进入了一个全新的发展阶段。[①] 为了加速教育数字化的进程,日本政府在 2019 年推出了《推进学校教育信息化相关法》,为学校教育信息化的推进提供了法律保障,并积极利用尖端技术支持新时代学习,推动教育内容与教学方法的创新。在地方层面,日本成立了专门的机构——"数字厅",以统筹协调全国范围内的数字化教育等工作。进入 2022 年,日本继续深化教育数字化改革。通过召开第七次教育数字化改革专家会议,广泛听取专家意见,不断优化和完善教育数字化战略。同时,日本政府推出了 GIGA(Global and Innovation Gateway for All)学校计划,旨在通过高速网络、高性能计算设备和丰富的数字化教育资源,为所有学生提供公平、优质的教育机会。

二、加强课程教学数字技术融入

美国在数字技术融入课程教学方面的经验丰富且多样,为全球教育界提供了宝贵的借鉴。多所顶尖学府,如麻省理工学院、哈佛大学、努艾瓦学校、萨米特公立学校和斯坦福在线高中等,均进行了深入的探索与实践。麻省理工学院通过开放式课程(Open Course Ware,OCW)和大规模网络络开放课程(Massive Open Online Course,MOOC)引领了全球高等教育资源开放共享的风潮,与哈佛大学联合创立的 edX 平台进一步推动了MOOC 的发展,实现了跨地域、跨文化的教育资源共享。哈佛大学紧跟麻省理工学院的步伐,采用 MOOC 模式为全球学生提供高质量的免费在线课程,注重课程互动与评估,增强了学生的学习参与度和效果。在基础教育阶段,努艾瓦学校充分利用信息化技术与信息化素养之间的互利共生关

---

① 张民选,薛淑敏. 共同趋势与建设重点:教育数字化转型的全球观察[J]. 中国远程教育,2023(7):21-29.

系，鼓励学生利用技术平台创作数字作品，推行信息化协作学习。萨米特公立学校与社交平台合作，创办了个性化学习平台，有效支持了学生的自主学习和个性化发展。斯坦福在线高中则展示了高质量在线教学的典范，制定了严密的教学流程，确保线上教学质量和师生互动的有效度。这些案例展示了美国在数字技术融入课程教学方面的创新实践，为全球教育模式的变革提供了新思路。

德国在中小学数字化教育领域，通过建立面向中小学的数字化教育平台和数字化中心，确保所有学校都能连接到高速互联网，所有教师都能应用合适的数字化设备上课。例如，德累斯顿的中小学教师科技企业制作出专门的教学软件，通过对教师免费开放网上课堂，实现了教师的数字化交互式课堂，这一举措极大地提高了中小学生数字化学习的普及率和效果，促进了教育公平和个性化发展。在职业教育领域，德国也积极探索数字化教学模式。如"未来教室"项目、无纸化教室项目和数字烘焙项目等，这些项目不仅提升了职业教育的质量和效率，还增强了学生对数字化技术的兴趣和应用能力。以"未来教室"项目为例。班贝格第二国立职业学校通过开放、灵活的教室布局和丰富的数字产品，创设了数字化学习条件和交流空间，有效培养了学生的自主学习能力。在高等教育领域，德国应用技术大学在新冠疫情下加速向数字教学转变，采用翻转课堂教学方式实现专业内容的数字化转型。同时，德国利用在线学习平台和智能管理系统等工具，支持远程教学和协作学习，这一转变不仅提高了高等教育的灵活性和包容性，还确保了疫情期间教学活动的连续性和质量。

日本高度重视教育数字化，通过制定一系列战略规划和政策措施，如"超智能社会"愿景下的教育数字化投入，为教育数字化提供了强有力的支持，推动了学校信息化环境的建设。GIGA学校计划就是一个典型的例子。该计划通过为每个学生配备一台终端设备，并优化学校无线通信网络，显著改善了基础教育学校的数字化环境，提升了学生的学习效果和教师的教学质量。在教师培训方面，日本注重提升教师的信息技术应用能力,通过组织各种培训活动,帮助教师掌握数字化教学工具和方法,并制定了明确的教师信息技术应用能力标准,以促进教师的专业发展。在教学模式上,积极探索数字化教学模式,如翻转课堂、混合式学习等,利用虚拟现实(Virtual Reality,VR)、增强现实(Augmented Reality,AR)等新技术,为学生提供更加生动、直观的学习体验。如 Gentoro 系统的应用,体现了日本在数字技术融入课程教学方面的创新实践。该系统通过机器人和手持式投影仪等设备,帮助学生创造性地设计故事、讲述故事,提高了学生的语言能力、逻辑思维能力和想象力。在数字教材建设方面,政府出台了一系列政策文件为数字教材的发展提供了法律和政策保障。数字教材已经成为日本中小学教材的一种重要类型,得到了广泛应用和认可。

三、加强师生数字素养

美国通过一系列政策文件和教育计划,如"北极星计划",积极推动职业教育领域的数字素养建设,明确了数字素养的重要性,并促进了相关教育资源和项目的投入与实施。为了适应行业发展趋势和技术变革要求,美国职业教育机构不断调整和优化课程体系,融入更多的数字技术和媒体技能教学内容,不仅在科学、技术、工程、数学(Science, Technology, Engineering and Mathematics,STEM)领域强调培养学生的编程能力、数据分析能力和创新思维,还在非 STEM 领域注重培养学生的信息技术应用能力和信息素养。同时,美国高度重视职业教育教师的数字素养提升,通过组织专业培训、提供在线学习资源等方式,帮助教师掌握先进的数字教学技术和方法,如纽约市实施的计算机素养综合教师教育计划(The Computing Integrated Teacher Education,CITE)。此外,美国职业教育机构还通过实施一系列项目实践,促进师生数字素养的提升,并与企业合作开展数字素养教育项目,让学生在真实的工作场景中提升数字技能和职业素养。以俄勒冈州数据项目为例。该项目针对教育工作者在数据使用方面技能不足的问题,提供了为期 4 年的资助和培训支持,帮助教育工作者掌握数据访问、分析和使用的技能。项目合作方包括俄勒冈州教育局、教育企业指导委员会等多个组织,这些组织共同推动项目的实施和发展。通过该项目的实施,俄勒冈州教育工作者的数据素养得到了显著提升,进而促进了教学质量的改进和学生学习成绩的提高。

德国根据"工业4.0"战略对人才的新要求,制定了"职业教育4.0"数字化战略,将数字化教育列为中长期教育改革的重点内容,并通过一系列政策文件明确了职业教育数字化建设的目标和路径,为加强师生数字素养建设提供了坚实的政策保障。在基础设施建设上,职业学校、企业和跨企业培训中心积极创设数字化教学与学习环境,配备先进的数字教学设备,为师生提供了便捷的数字化学习工具。同时,德国对课程体系进行了改革,根据数字化工作世界对职业能力的新要求调整和重组职业教育专业,更新专业标准,并在课程中融入数字技术和媒体技能的教学内容,以提升学生的数字素养和信息技术应用能力。在教学模式上,德国采用行动导向、项目导向等创新模式,利用虚拟现实、增强现实等先进技术模拟真实工作场景,让学生在沉浸式学习环境中提升数字技能和实践能力。此外,德国还加强对职业教育教师的数字化培训,提升教师的数字素养和数字化教学能力,并提供在线学习资源、数字化教学工具和平台支持。以"无纸化教室"项目为例。该项目在不莱梅欧洲学校展开,为特定课程试点班级配备了平板电脑,替换纸质教学材料。教师和学生完全使用数字工具进行沟通、协作和组织教学过程,数字教学不再局限于学校计算机教室,师生合作更加便捷。[①] 这一项目不仅提升了学生的数字能力和团队协作能力,还满足了对学生数字能力的要求,是德国在数字技术融入师资建设方面成功经验的一个生动体现。

日本高度重视教育信息化,通过一系列政策文件如《新信息技术战略》和《学校教育法修正案》等,明确了数字技术在教育中的应用方向,并确立

---

① 孙进,曾怡婧.德国职业教育数字化发展政策与实践[J].中国教育信息化,2022 (11):21-29.

了"信息技术立国"的国家战略,为数字技术融入师资建设提供了坚实的政策保障。在师资建设中,日本采取多元协同共育的策略,涉及多个主体,确保了资源的有效整合和政策的顺利执行,推动了师资信息化水平的整体提升。同时,日本文部科学省根据教师的职业生涯和技能水平,实施了分阶段、分层次的信息与通信技术(Information and Communications Technology, ICT)应用指导力培训,既考虑了教师的实际需求,又保证了培训内容的系统性和针对性。在软硬件设施方面,日本学校配备了先进的设备,并注重改善网络环境,为教师提供便捷的数字化学习平台和技术支持。以岐阜县京町小学为例。该校较早开始了数字技术在师资建设中的应用实践,校长亲自指导教师的 ICT 应用,并形成了良好的信息化教育氛围。经过几年的努力,该校教师的 ICT 应用指导力水平显著提升。此外,日本文部科学省还推出了教师 ICT 应用指导力提升计划,通过详细的研修计划和阶梯式的学习,使教师的 ICT 应用指导力得以稳定提高。GIGA 学校计划则进一步推动了数字技术在职业教育中的应用,通过提供硬件设备、开发数字教材和加强教师培训等措施,有效提升了学校的信息化水平和教师的 ICT 应用指导力。

第四节　模式构建:教育数字化的策略与布局

尽管我国在教育数字化发展方面已取得了一定成就,但仍面临诸多挑战。具体而言,网络基础设施建设尚难以充分保障,数字素养能力框架与培训体系不够明确,公民信息素养水平急需提升,信息安全保障体系也有待进一步完善。同时,数字资源的获取和使用上存在"数字鸿沟"问题,数字教育资源的质量监管及资源的更新迭代与优化机制也存在缺失。因此,深入推进教育数字化转型,并制定符合中国国情、具有中国特色的数字教育政策,是建设教育强国的重要标志和基础保障。

一、起点：强化基础设施的建设

在教育信息化的推进过程中，基础设施的建设发挥着举足轻重的作用。这一点，德国在其"数字型知识社会"教育战略中给出了明确的指引，即将加强数字教育相关基础设施建设作为核心目标之一。同样，我国也高度重视教育基础设施的完善。为了构建高质量的教育支撑体系，教育部等六部门在 2021 年联合发布了《关于推进教育新型基础设施建设构建高质量教育支撑体系的指导意见》。该文件强调了教育新型基础设施建设的必要性，提出了具体路径，包括推进数字化教室、在线教育平台等建设，构建数据驱动的教育治理模式，完善信息化标准规范，并深化国家智慧教育服务平台建设，以推动教育创新与发展。

二、布局：打造创新化的教育新生态

在信息化时代的浪潮下，智慧教育正逐步成为教育改革的重要方向。随着智慧城市、智慧交通、智慧医疗等领域的蓬勃发展，智慧教育崭露头角，成为教育行业创新发展的领军力量。为了更好地适应这一变革并推动教育行业的持续进步，我们必须致力于打造一个个性化、系统化、创新化的教育新生态。

一是满足个性化教育需求。尊重每一个学习者的个性化与多元化发展需要，创建智能化的教育环境，推动信息时代的教与学变革，以最有效的方式促进学习者的知识建构与智慧发展。运用精细化的数据分析技术，对教学及教育资源进行全方位、多层次的统计分析，不仅能够为教育局、学校及第三方教育机构等各方提供精准、实时的数据支持，还能助力优秀教育教学管理模式的快速复制与推广。

二是完善全面化教育环节。智慧教育不仅是一个简单的教育工具或平台，更是一个宏大的系统。它涵盖了智慧环境、智慧教学、智慧学习、智慧管理、智慧科研、智慧评价和智慧服务等多个核心环节。通过整合这些环节,可以打造一个完整、高效且和谐的教育生态,使得教育的每一个环节都能得到智能化的支持和优化。

三是营造可持续发展系统。技术的推动使智慧教育成为教育改革的"方向标"。通过不断创新科技应用,提升教育的智慧化程度,从而为学生提供一个更加先进、便捷的学习环境。最终的目标是打造一个和谐、可持续发展的教育信息化生态系统,并培养出大批具备高度智慧和创新能力的人才,以满足信息时代的社会需求。

三、方法:开发数字化教材

一是确立标准体系,夯实发展基石。随着数字教材在教育政策层面被正式纳入教材创新建设范畴,其持续健康发展急需一套完善的标准体系作为支撑。这套标准应全面满足新教材建设管理、教育信息化内容供给与应用等多方面的要求,并实现新闻出版行业与教育行业跨领域标准的无缝对接。在已有数字教材新闻出版行业标准的基础上,应进一步推动国家标准的制定。针对高等教育和职业教育数字教材国家标准的空白,建议借鉴中小学数字教材的标准体系,着重从数字教材元数据、出版流程、质量要求及检测方法等三大维度入手,为数字教材的大规模出版与传播奠定坚实基础,并为其治理工作提供有力支撑。

二是打造研发平台,加速资源汇聚。在教育数字化的大背景下,构建一个多维度、集成化的数字教材研发平台,是加速提升我国数字教育资源建设与服务能力的关键契机。该平台的核心目标包括:构建一个以数字教材为核心的优质内容资源体系,利用人工智能技术引领教材建设的智能化升级,建立完善的质量管理体系,以及积极推动教育公平的实现。在实践中,高等教育出版社已成功自主研发出具有自主知识产权的数字教材创作工具——"云创"平台。该平台在资源组织架构、技术应用、质量管理体系等方面进行了诸多创新探索,为数字教材的研发提供了强有力的技术支撑。

三是提供智能服务，满足多元需求。数字教材的使用需要配备智能化、专业化的服务，以充分满足学生和教师的多元化需求。对于学生而言，数字教材应致力于构建一个适应数字时代的学习生态，改变传统的学习方式，提供个性化的内容推送和学习协同功能，实时收集学生的学习数据进行可视化分析，以优化学习路径并显著提升学习效率。对于教师而言，数字教材则应提供丰富的交互和管理工具，支持教师在教学过程中实现更加高效的资源管理和课程设计，并利用智能技术对学生的学习行为进行深入分析，使教学更加精准、有效。

四是构建教育大模型，探索协同新机制。在教育数字化的浪潮下，构建教育大模型并深入探索数字教材与应用的协同机制，是实现教育公平、推动教育创新和提升教学质量的关键所在。这一过程需要构建一个互联互通的教育生态系统，其中数字教材作为核心链接点，将学校、师生、出版机构、内容创作者、政策制定者等各方力量紧密汇聚在一起。具体而言，应以链接为先导，打破传统的教育边界限制，实现知识、技能和素养的跨界融合与创新；以内容为核心，不断强调教育内容的质量、深度和广泛适用性；以合作为基础，积极推动产学研结合、跨学科合作、学校师生广泛参与、出版机构不断创新和政策制定者的科学引导，共同促进教育资源的优化配置和教学方法的持续革新。

四、内化：提升师生数字素养

数字素养的定义在全球范围内呈现多样性。联合国教科文组织强调，数字素养是个体安全且适当地获取、管理、理解、整合、呈现、评估和创建信息的能力。[①] 欧盟最早构建了数字素养框架，其《欧盟数字素养框架》从知识与技能、过程与方法、情感态度与价值观等多个维度，为教师和教育机构

---

① 龙璇,刘萍男,陈姣,等.数字经济时代财经商贸类高职学生数字化能力培养路径探究[J].职业技术,2024(2):84-91.

提供了全面的指导。2024 年,中央网信办、教育部、工业和信息化部、人力资源社会保障部联合印发了《2024 年提升全民数字素养与技能工作要点》,从信息获取和处理能力、数字交流能力、数字内容创造能力、数字安全意识、数字化问题解决能力等方面解释了数字素质的内涵。

从提升师生素养角度来看,应聚焦于高职院校的办学特色,通过"环境""课程""制度""评价""方式"的五轮驱动,共同推动教育模式的深刻变革,实现教育资源的优化配置与高效利用,构建一个开放、协同、创新的教育生态系统,为培养适应未来社会需求的高素质技能型人才提供有力支撑(见图 3-3)。

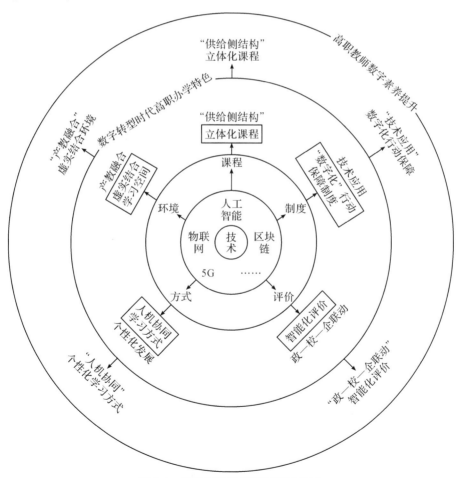

图 3-3　提升师生数字素养逻辑关系

一是构建全面的技术应用保障制度。为强化高职教师的数字化教学和学习理念,高院院校需建立一系列技术应用保障制度。这包括:人机协作规范制度,明确教师与技术工具互动的准则和方法;技术赋能动力机制,激发教师运用技术提升数字素养;技术应用监督机制,确保教师数字素养培养的落实与纠错;能力提升激励制度,鼓励教师科学高效地提升数字素养,并将学习情况与学校奖惩机制挂钩。

二是打造产教融合的教育生态。产教融合是高职院校的重要办学特色。高职院校应基于人工智能、虚拟现实和区块链等技术,打造产教融合的数字化学习环境。这包括:建设智慧学习空间,融合企业文化、业务和流程,建立互联互通、强交互的学习空间;营造智慧学习氛围,开展技术相关的活动、比赛和校园文化建设;组建学科知识和数字素养同步提升的学习共同体,创新研修活动,促进教师专业知识和数字素养的同步提升。

三是建设适应供给侧结构的立体化课程。高职课程需开展供给侧改革以适应市场需求。同样,教师的研修课程也要适应供给侧结构。高职院校应建立反映最新数字技术、教育理念和教学方法的教师数字素养培训课程,并贯通职前和职后学习。同时,建设立体化课程资源,利用数字媒体技术开发具有交互性、沉浸性的教学资源,并建立智能化的课程管理体系,共享课程资源,实现资源的共建共用和多元评价。

四是形成人机协同的个性化学习方式。为培养高职教师的个性化学习能力和终身学习理念,高职院校需革新传统的学习方式。这包括:形成人机协同的常态化学习模式,灵活运用线上线下学习方式;建立满足教师个性化发展的教育体系,包括个性化学习机制、方案、平台和课程;应用智慧学习平台助力教师的终身性学习;进行智能诊断、精准推送和发展评价,运用人工智能技术伴随式收集教师的成长数据,促进教师的个性化和终身性学习。

五是构建政一校一企联动的智能化评价体系。为全面、真实地评价高职教师的数字素养,高职院校需构建政—校—企联动的智能化评价体系。这包括:评价主体的多元化,邀请政府、企业、学校和计算机科学技术等领域的专家共同参与评价;评价手段的多模态化,利用智能传感技术、人脸识别技术等实现多源多维数据采集与分析;评价内容的综合化,既关注教师的知识和技能,又考核其技术价值观、伦理观等;评价过程的动态化,通过线上互动平台等分享学习体验和教学经验,促使教师不断反思与修正;"教—学—评"的常态化,建立教师数字素养微认证系统,实现常态化的追踪、评价和反馈。通过这些措施,可以全面了解教师数字素养的培养状况,并推动其持续提升。

第五节   实践典范:国贸课程数字化建设与成效

全球数字化浪潮推动着教育领域的数字化改革。本节通过介绍杭州万向职业技术学院"国际贸易实务与操作"课程在教学资源、教学手段、教学实施、教学评价等方面的数字化改造过程及特点,展示了课程的数字化建设成效,并进一步分析了课程实施数字化对专业教学效能的提升所具有的积极作用。

一、数字化发展推动课程的变革

(一)外贸行业数字化加速人才转型

中国信息通信研究院发布的《中国数字经济发展研究报告(2023年)》显示,2022年,我国数字经济规模首次突破50万亿元,达到50.2万亿元,同比增加4.68万亿元,数字经济在国民经济中的地位更加稳固。数字经济占GDP比重进一步提升,占比达到41.5%。此外,据海关总署统计,2023年我国跨境电商进出口2.38万亿元,增长15.6%。外贸业务模式的数字化发展对于国贸人才的数字化职业素养提出了新的要求,促使我们对国际经济与贸易专业(以下简称"国贸专业")课程进行全面的数字化改造。

(二)数字化引发教学变革

传统的专业课程教学是以课堂讲授为主,以教师为中心,对于学生的学习效果并没有实质性的关注。而对于"00后"学生,他们就生长在信息极度发达的信息化时代,每天接收大量不同来源的信息,对于信息技术本身也极为关注并基本具备信息搜集和处理能力,传统的教学方式根本无法激发他们的学习积极性,同时也无法满足他们对于专业学习的要求。国贸专业课程的数字化改造就是在此背景下展开的,体现了专业培养目标的要求,适合当前学情特点。

(三)信息技术催生多元数字化教学空间

目前,随着数字化基础设施的建设,互联网普及率、移动宽带普及率、网络平均下载速率、5G、数据中心及 IPv6 等不断增强,推动数字经济快速发展;在教育教学领域,推出了众多功能先进、使用方便的网络学习平台、数字化教学工具、虚拟仿真实训软件;全民新媒体的时代催生了大量的自媒体网络学习资源,包括专业学习的公众号、短视频等;网络的普及为校企合作在线项目提供了保障。

二、"国际贸易实务与操作"课程数字化改造

经过几年的探索和实践,"国际贸易实务与操作"课程的数字化改造基本完成并体现出以下特点(见图3-4)。

(一)教学资源颗粒化

颗粒化教学资源是指在保障科学性和有效性的前提下将课程知识点尽可能设计成较小的学习单元,颗粒化存储,便于检索和组课。借助网络课程平台、在线开放课等,颗粒化资源可以实现随时随地调取,将碎

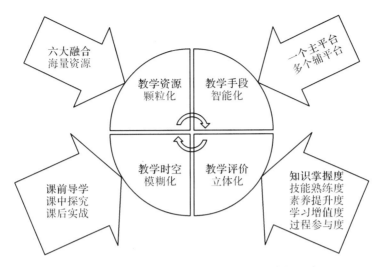

图 3-4　"国际贸易实务与操作"课程的数字化改造

片化的时间"零存整取"。在资源建设方面,我们主要从以下 3 个方面着手改造。

一是资源整合的前提——重构专业课程教学体系。随着国家数字化战略的推进,外贸领域相关岗位涌现出了数字化的新规范和新要求。因此,我们通过对合作企业及行业招聘网站进行数据采集和分析,就企业所需的人才岗位与工作职责进行分解,并由此推断外贸专业数字化人才所需的知识和技能,从而对专业课程的教学体系进行重构,增加了海外媒体营销推广、数字支付与结算等课程,打破了原有的一个业务流程课程模式,取而代之的是多个业务流程循序渐进,逐步深化的螺旋式提升架构,建立了以解决企业员工实际工作任务为目标的项目制教学方案。

二是整合数字化教学内容,实现"六大融合"。在教学内容整合的过程中,我们在突出岗位要求的基础上,进一步地将跨境电商 B2B 数据运营 X证书考核、专业技能竞赛、思政元素和创新创业元素融入教学内容中。例如,课程以学生自创外贸企业为起点,引导学生将中国特色产品作为虚拟仿真训练的产品,增强学生的创业意识,以及民族自豪感和爱国热情。教学内容紧贴考证内容和竞赛项目，实现数字化教学内容的"课程、岗位、竞赛、1＋X证书、思政、创新创业六大融合"。

三是自建或引进颗粒化教学资源，拓宽专业视野，提升综合素养。按照整合后的教学体系，通过自建或引进的方式，大量扩充教学资源。融合多种媒体，以故事、视频、动画、仿真操作演示、实战直播链接等多种形式展现教学内容，将教学内容分解为一个个小颗粒，学生可以根据自己的喜好和实际需要，在海量资源里进行自主选择，随意组合。这种自助式的学习模式充分体现了学生的自主性，让学生能够自我驾驭学习的过程，体会学习的乐趣，更有助于拓宽其专业视野，提升学生的综合素质。

（二）教学手段智能化

教学手段智能化体现为"一个主平台＋多个辅平台"共同发挥作用，让教学过程变得生动有趣。

一是突出一个主平台的作用，贯穿课前、课中、课后3个环节。课程数字化教学突出一个主平台——"浙江省在线精品课程平台（在浙学）"的作用，将主要的教学资源集中于此，并以该平台为依托进行教学设计，引导学生完成课前导学、课中探究、课后拓展等环节。突出一个主平台的作用，让学生对于课程的数字化教学的实施有一个总体的了解，有助于学生妥善安排学习计划。

二是平台联用，活化教学过程。运用多个线上教学软件，以及专业网站、专业公众号等数字化教学工具，有助于调动课堂气氛，提升学生的学习积极性，拓宽学生的专业视野，丰富专业教学过程。比如，在学习了解"外贸依存度"等概念的时候运用联合国国际贸易中心网站、商务部网站，让学生充分感受专业性和权威性；运用学习通App进行课程抢答、猜词等游戏，学生的参与热情高涨，使得专业课程学习不再枯燥乏味。

三是虚拟仿真和实战演练融合，实现效能提升。数字化课堂在技能训练方面，通过项目化的教学任务设计，运用Simtrade虚拟仿真软件完成模拟外贸业务的操作，让学生对外贸业务有一个初步的了解。在此基础上，发挥校企合作项目优势,引入企业实战业务,学生通过在线获取企业信息及企业专家的远程指导,完成企业的实际业务活动。除此之外,通过指导学生参加各类创新创业比赛,让学生将理论知识运用于商业实战,从而大大提高数字化课堂的实际效能。

(三)教学时空模糊化

数字化课程从时间和空间上打破了原有的教学课堂的束缚,将课堂教学延伸到教室以外,将学生的学习贯穿于日常生活中,有利于形成持续性学习的良好习惯。具体体现为以下 2 点。

一是数字化教学的三段式教学环节。课程的数字化课堂包括课前导学、课中探究、课后拓展 3 个必不可少的教学环节。首先,通过课前自学微课等教学资源,教师引导学生思考问题并参与讨论,提出个人的疑难问题,同时通过课前测试发现不足。一系列的课前活动有助于教师掌握学生的基础和问题,从而调整课堂的教学策略。其次,课中探究侧重于解决学生的难点问题,强化重点知识和技能。最后,课后拓展包括知识的复习巩固、参加校企合作实战、参加各类技能竞赛、创新创业比赛,以及相关证书考核备战等多方面的内容,可将课堂教学延伸到专业学习的方方面面,渗透到学生的日常生活中。

二是数字化教学线上线下教学场景多样化。空间上,课程的数字化教学涵盖了线上线下各类场景,并且实现了线上线下教学场景的有机融合。线上教学场景"一个主平台＋多个辅平台",线下的理实一体化智慧教室、外贸样品实训室、视觉营销实训室、国贸综合实训室、校企合作校中厂等,甚至学校的图书馆、操场、学生寝室等线下场所,在学生竞赛、创新创业等专业教学活动中都发挥了积极的作用。

(四)教学评价立体化

在课程数字化资源、手段、场景改造的基础上,建立了立体化教学评价——五度评价体系,包括知识掌握度、技能熟练度、学习增值度、素养提升度和过程参与度。通过课前微课预习及完成打卡任务、课前课中课后在线测验、线上线下作业等多种形式检验学生的知识掌握程度,强化重难点的理解和巩固。通过课程项目的技能操作训练、虚拟仿真操作、校企合作项目实战练习、为技能比赛备战等形式提升专业技能水平,检验学生技能熟练程度。通过学生参与小组合作学习的状况、学习成果汇报分享积极性、同学互助的踊跃性和学习反思的深度来评价学生在专业课程学习过程中的素养提升程度。通过课前、课中、课后参与课程各种线上线下的讨论活动、课内参与互动的积极性、课堂笔记的完整度等方面来体现学生学习过程的参与度。通过参加与专业相关的志愿者活动、1+X证书考核、专业技能竞赛、校企合作实战项目、创业项目等多种形式,对学生的学习增值度进行综合评价。通过一系列摸索和尝试,课程建立的五度评价体系在数字化教学中得到了充分的体现(见表 3-5,图 3-5)。

表 3-5 课程五度评价体系一览

	知识掌握度	技能熟练度	素养提升度	学习增值度	过程参与度
评价方式	➤ 自学资源完成打卡任务 ➤ 在线测试 ➤ 课堂抽查 ➤ 课后作业	➤ 技能项目操作 ➤ 虚拟仿真训练 ➤ 实战演练 ➤ 专业技能竞赛	➤ 课堂演讲、辩论、小组合作等 ➤ 同学互助 ➤ 劳动及设备管理 ➤ 日常反思	➤ 成长进步 ➤ 获取 X 证书 ➤ 评比校内"达人" ➤ 在线参与校企合作项目 ➤ 创业项目 ➤ 志愿者活动	➤ 完成课前、课后任务 ➤ 笔记、讨论的参与情况 ➤ 课内抢答、投票等活动
评价手段	平台＋学习通、云班课等 App	平台＋学习通、云班课等 App＋外贸实训软件＋专业网址、公众号等	平台＋学习通、云班课等 App＋专业网址、公众号等＋线下分享	证书、业绩	平台＋学习通、云班课等 App
评价主体	系统评价＋教师评价	系统评价＋教师评价＋企业评价	学生互评＋教师评价	社会＋学校＋企业评价	学生互评＋教师评价

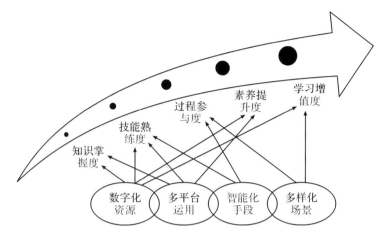

图 3-5　课程数字化对五度评价体系的支撑

三、课程数字化教学的效能分析

(一)提高数字化课堂效能的核心——自我效能

课堂的数字化改革,最终目的是对学生学习效能的提升,达到培养本行业高级专业人才的目标,而提高学习效能的核心是提高学生的"自我效能"。"自我效能"由美国斯坦福大学心理学家阿尔伯特·班杜拉在 20 世纪 70 年代首次提出,指一个人在特定情景中从事某种行为并取得预期结果的能力,也指人们对自己实现特定领域行为目标所需能力的信心或信念。

课程基于项目化设计、数字化资源,并运用智能化手段建立起来的多维度评价体系极大地调动了学生的自我效能,让学生体会到学习的用处、学习的便利及学习的动态效果。通过专业课堂的数字化改造,让学生以自己喜欢的方式介入专业学习过程,对于专业学习这件事不再产生畏难情绪,自然而然地形成主动学习的习惯。项目制的教学设计让学生利用自己的所学攻克一个个难题,挖掘内在学习动力,提高其解决问题的能力。在一次次的比赛、考证、实操等活动的锤炼下,学生的成就感和荣誉感越来越显现,再加上外界的鼓励和褒奖激励,专业学习的信心越来越强,专业归属感也越来越明显。

(二)课程数字化建设对提升教学效能的作用

一是数字化资源为知识掌握度达成提供了基础条件。丰富多样、活泼有趣、自助随选的数字化教学资源是提高专业学习效能的基础条件。学生通过在课程平台完成课前微课学习,完成打卡任务、课前测验等,对其预习过程中的知识掌握程度进行测评,带着疑问来上课。同时,教师在课内随机抽取题库中的题目来检验学生的知识掌握度,以便随时调整课堂教学策略;在课后则通过作业检验学生的学习效果。有了数字化教学资源作为支撑,就能随时随地检测学生的知识掌握情况。

二是多平台的运用为技能熟练度提供了保障。课程的数字化平台包括教学类平台(在浙学、学习通、云班课等)和实训类平台(SimTrade、POCIB i+、DOC、SimOS 等),同时还包括一些权威的专业网站(海关总署官网、商务部官网、阿里巴巴官网等)、行业主流公众号(浙江外贸、HSbianma等)。运用这些平台,可以锻炼学生的信息搜集能力、业务操作能力,其不仅有虚拟仿真的操作,更有实际业务活动的演练,同时为学生参加各类专业技能竞赛奠定了基础,因此多平台的综合运用为检验学生的技能熟练度提供了保障。

三是数字化融合运用动态提升综合素养。素养提升是一种潜移默化、逐渐渗透的过程,通过线上线下数字化手段综合运用,课程探索了一系列素养提升活动方案。比如要求学生订阅专业公众号,养成浏览专业信息的习惯,并安排学生轮流进行每日信息分享,让每一个学生都有机会公开演讲。根据教学内容设计课堂辩论、小组合作项目,运用思维导图、PPT 等进行分享。在每堂课后由学生自觉安排值日表维护教室和实训室卫生,在学生有困难时及时给予帮助等。这些小细节都会记录在课程平台的考核项目中,让学生的点点滴滴进步都能被直观感受到。

四是数字化促进深度学习。数字化课堂通过自建或引进的方式汇聚了大量的专业资料、信息,对于开拓学生的专业视野、提高专业学习的深度和广度都有极其重要的作用。学生参与和专业相关的志愿者活动、参加

1+X证书考核、参加校内"达人"评比等,都是学习增值的充分体现。此外,通过校企合作项目,学生开展实际业务操练,有条件的学生还可以进行创业尝试,体会到学习以外的价值感。对于能力稍弱的同学而言,每日的成长进步也是一种学习增值的体现,只要自己一点一点在努力,相比昨日有进步,就达到了学习增值的目标。数字化平台上真实地反映了他们的成长与进步。

五是数字化反馈系统助力学生主动学习。数字化课堂与传统课堂相比,最大的优点就是即时的成绩反馈系统,教师操作方便,学生能够第一时间感受到自己的成绩变化,因此在过程参与度的测评方面具有独特的优势。学生完成课前任务有积分、上传笔记有积分、参与讨论有积分、抢答成功有积分,如此一来,对于学生直观的刺激作用就非常明显,大家你追我赶,就会更加积极地参与到课堂活动中。

(三)课程数字化教学的实施效果

一是项目驱动,提升了学习的有效度。教师通过真实案例引发学生思考,学生通过小组协商探寻之道,不同小组之间产生不同的解决方案,分析比较的过程就是求同存异不断优化的过程,也是锻炼提炼本质发现谬误的过程。81.5%的受访学生认为这样的课程学习方式新颖,学习效果好;超60%的学生认为分析问题的自我认知能力有所提高。

二是迭代演练完成任务,提高了技能熟练度。学生通过数字化的技能训练,完成从单一项目到虚拟仿真、实践演练。不同项目复杂程度的进阶递升实现技能迭代提升,技能考核成绩与往年相比明显提高。课程对接的X证书"阿里巴巴B2B数据运营"中级证书通过率达100%。学生参加"互联网+"国际贸易综合技能赛,以及行业内具有较大影响力的POCIB省级比赛,斩获二等奖4项。

三是德技融通教学过程,提振了素养提升度。数字化教学以"自信为魂、创新为向"作为思政主线,基于浙江特色产品信息的收集融入民族自豪感,基于数字贸易新模式、新业态融入文化自信,基于合同签订融入诚信操守,基于产品选择与价格核算融入风险意识,实现了从"自信为魂"到"创新为向"的提升。结合案例学习让学生产生了家国情怀,促进了职业认同感、职业承诺和职业道德的同步提升。

四是无缝对接企业岗位,提质了教育增值度。依托与启迪等公司共建的校内"校中厂"与 SimTrade 操作软件,将真实的外贸业务操作与系统的外贸知识有机结合,企业专家全程参与现场教学与远程指导,学生在真实项目实践中淬炼匠心,沟通更积极,团队协作能力、创新能力得以提升。

四、结语

经过几年的努力,课程数字化建设取得了一定的成效,为国贸专业培养高质量人才奠定了坚实的基础。总结过往,以下细节在课程数字化建设过程中须时刻关注。

一是教学资源和教学手段要与时俱进,不断优化。在当今这个信息爆炸的时代,资源的呈现内容和呈现方式都在不断变化。将"00 后"高职学生的注意力吸引到专业学习上,需要教育工作者不断地学习,不断地优化教学资源和教学手段,做到与时俱进,在课程设计上具有一定的前瞻性。

二是在教学设计中不断给学生以成功的体验,正向刺激。在专业课程的教学设计中,通过一些任务环节的设置及数字化教学手段的运用,让学生能够体会到点点滴滴的进步。实实在在的成功体验对于认知层次还不高的高职学生来讲,正向的刺激作用还是非常明显的。尤其高职学生在他们的高中阶段是比较缺乏这种成功体验的,因此正向激励的作用会更加显著。

第四章

坚守全面性：服务全面发展新蓝图

中国陶行知研究会会长朱永新提出，拔尖创新人才一看品行素养，二看是否具备创新能力和跨学科知识，三看是否具备分析问题、找出解决方案的能力。[①]

随着新质生产力的迅猛崛起，社会对劳动者的要求日益提高，不仅要有扎实的专业知识，更要有创新能力、解决复杂问题的能力、跨学科协作能力，以及对可持续发展的深刻理解。在这一背景下，职业教育的战略地位越发凸显，其为现代化、信息化、智能化的产业领域输送高素质、复合型技能人才的任务愈加艰巨。因此，职业教育功能定位由"谋业"转向"人本"，更加注重服务人的全面发展。[②] 新质教育所秉持的全面性正是对这一时代需求的深刻回应，它超越了单纯的知识传授，致力于学生的全面成长，涵盖知识、技能、情感态度及实践能力的全方位培养。本章将深入剖析全人

[①] 张东.塑造未来人才培育新生态：专访民进中央常务副主席、中国陶行知研究会会长朱永新［EB/OL］.（2024-06-11）［2024-06-20］.https://baijiahao.baidu.com/s? id＝18015487961888880244&.wfr＝spider&.for＝pc.

[②] 本刊编辑部.深化现代职业教育体系建设改革不断优化职业教育类型定位：专访教育部职业教育与成人教育司司长陈子季［J］.中国职业技术教育，2023(1)：8-13.

教育的现状与发展趋势，探讨教师角色在新时代背景下的转型，进而构建"三全五化"育人模式，更清晰地揭示新质教育的人本性及其在推动全人发展中的核心作用。

第一节　现状描摹：全人教育研究之脉络

在中国知网中，我们以"全人教育"和"全人发展"为关键词，针对CSSCI 和北大核心期刊进行了主题搜索。通过人工筛选，剔除了新闻报道、期刊文摘、专栏介绍、书评、动画作品等非学术性内容，并删除了重复文献，最终获得有效文献 301 篇（截至 2024 年 5 月 8 日）。我们把这些文献数据导入 CiteSpace 软件中进行数据格式转换，并对关键词进行了聚类图谱的构建与分析，以更精确地揭示全人教育的研究热点与趋势。通过分析得出词频≥2 次的高频关键词，这些高频关键词是职业技术教材研究领域应用频率最高的专业术语，也是该领域学者共同关注研究的方向，具体如表 4-1 所示。

表 4-1　全人教育关键词频次表

序号	词频/次	中介中心性	开始时间/年	关键词	序号	词频/次	中介中心性	开始时间/次	关键词
1	157	1.15	1999	全人教育	28	2	0.03	2006	穷人
2	17	0.06	2008	通识教育	29	2	0.01	2018	新时代
3	16	0.08	2006	全人发展	30	2	0.01	2006	教育思想
4	16	0.07	2001	高等教育	31	2	0	2007	国际化
5	7	0.04	2009	人才培养	32	2	0.01	2015	创新 20
6	6	0.04	2005	启示	33	2	0	2006	个性化
7	6	0	2012	体育教育	34	2	0	2000	学生事务
8	5	0.06	2014	创客教育	35	2	0	2013	书院

续　表

序号	词频/次	中介中心性	开始时间/年	关键词	序号	词频/次	中介中心性	开始时间/次	关键词
9	5	0.02	2014	职业教育	36	2	0.01	2018	核心素养
10	5	0.03	2011	人文教育	37	2	0	2008	台湾
11	5	0.03	2005	以人为本	38	2	0	2017	五育融合
12	5	0.05	2008	小原国芳	39	2	0	2006	全人化
13	5	0	2014	基础教育	40	2	0	2020	书院制
14	4	0	2002	理念	41	2	0	2006	平民化
15	4	0.03	2012	高职教育	42	2	0	2004	教育目标
16	4	0	2009	全纳教育	43	2	0.01	2005	借鉴
17	3	0.01	1999	整合	44	2	0	2021	课程思政
18	3	0	2010	实践教学	45	2	0.01	2022	五育并举
19	3	0.01	2015	全面发展	46	2	0	2011	人文精神
20	3	0.01	2014	外语教育	47	2	0.01	2019	全科教师
21	3	0.01	2011	培养模式	48	2	0	2008	教学改革
22	3	0	2006	价值教育	49	2	0	2017	朱光潜
23	3	0.05	2010	教师	50	2	0	2010	学科渗透
24	3	0.01	2009	专业教育	51	2	0	2006	全民
25	3	0.02	2015	大学生	52	2	0	2010	体育思想
26	3	0.01	2000	香港	53	2	0	2000	全人学习
27	2	0.03	2022	立德树人	54	2	0	2017	美国大学

一、全人教育研究历史演进

如图 4-1 所示，全人教育研究的历史进程可分为 3 个阶段。一是萌芽期(1999—2005 年)，此期间共有 26 篇论文，占整体论文数的 8.64％。该阶段的研究相对较少，主要是对全人教育理念的初步探索和理论构建。研究者开始关注人的全面发展，强调教育应该培养完整的人，而不仅仅是知识的传递。他们致力于明确全人教育的目标、原则和方法,以及探讨如何在实践中实施全人教育。二是繁荣期(2006—2018 年),该时期发表的论文高达 214 篇,占比达到 71.10％。这一时期全人教育研究进入实践阶段,研究角度显著多样化。研究者开始在教育实践中应用全人教育理念,通过实证研究验证其有效性和可行性。他们关注全人教育在课堂教学、课程设置、教育评价等方面的具体应用,以及探讨如何根据学生的个体差异和需求进行个性化教育。这一时期,《国家中长期教育改革和发展规划纲要(2010—2020 年)》《国务院办公厅关于强化学校体育促进学生身心健康全面发展的意见》《关于全面深化新时代教师队伍建设改革的意见》等一系列教育改革文件出台,目的是提高学生的综合素质和全面发展,与全人教育的理念不谋而合,促进了教育工作者和研究者对全人教育理念的深入探索和实践。三是深化和拓展期(2019—2024 年),该时期发表的论文共 61 篇,占总数的 20.27％。在当前阶段,全人教育研究进一步深化和拓展。研究者开始关注全人教育与科技、社会、文化等多方面的融合,探索如何在全球化、信息化背景下实施全人教育。他们致力于构建更加完善、系统的全人教育理论体系,以及开发更加多元化、创新性的全人教育实践模式。

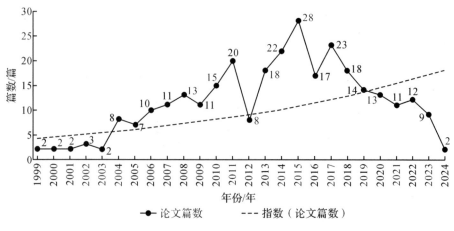

图 4-1 全人教育期刊论文的时间分布

二、全人教育研究回顾

从 20 世纪 90 年代初迄今,国内关注全人教育的研究主要经历了全人教育学术概念的引进、思潮兴起的研究、教育教学实践的研究和教学效果的测量等几个阶段。

(一)关于全人教育概念引进及宏观理论研究

学者们主要是将国外全人教育的权威学者和主流学派引进到国内,如早期周鸿志是第一位开辟全人教育研究并将日本全人教育权威学者小原国芳的相关理念引进到国内的学者。周鸿志教授系统地介绍了小原全人教育的教学理论和教学原则。小原的教学理论分为 6 个部分,即学问教育、道德教育、艺术教育、宗教教育、身体教育和生活教育。小原给每个教育部分都赋予了明确的教学价值与目标,如学问教育在于真,道德教育在于善,艺术教育在于美,宗教教育在于圣,身体教育在于健,生活教育在于富。此外,小原还提出了全人教育五大教学原则,即尊重学生个性的原则、学习自主性和独立性的原则、充分重视学生自学的原则、动手实践和劳动体验的原则、师徒温情及身教重于言教的原则。[①] 后来,国内学者周雪艳基于小原的全人教育教学理论和原则,提出了"师道论"观点,系统勾勒出全人教育理论模式下教师自身的修养、认同与身份定位,即所谓的师者之道。其包括 6 个方面:理想的教师应是哲学家,应具有哲学精神;理想的教师应是向善之人,应是道德的楷模;理想的教师应是美的体验者,应是有生气的艺术家;理想的教师应有宗教一样的信念和宗教意识;理想的教师应有健康的体魄;理想的教师应是心灵手巧的劳作者和创造者。[②] 除此之外,侯长林、罗静和郑国桂等学者引进了德国著名哲学家、教育家卡尔·雅

---

① 周鸿志.小原国芳的全人教育论及其别具特色的教学原则[J].北京师范学院学报(社会科学版),1991(2):73-79.
② 周雪艳.小原国芳全人教育视野下的师道论[J].教育探索,2010(11):91-93.

斯贝尔斯的大学整全人（whole person）教育思想，并对其内涵、教育途径、培养方式等进行了深入探讨。[①] 侯长林等人从雅斯贝尔斯（以下简称"雅氏"）零散论述中归纳了雅氏关于整全人的内涵，即具有整全知识、基本科学态度、责任意识和人性和谐的人。其教育途径是专业技能教育与人文教育相结合。其培养的具体方法有 5 个环节：重视选拔，即为培养大学整全人选好苗子；激发求知欲，即调动整全人的内在动力；强化交流，即为整全人搭建探索真理的平台；重视科学研究，提升整全人师资水平；提倡自由，为整全人成长营造良好的环境。但其研究也指出，雅氏大学整全人教育中有些看法值得商讨，如雅氏过分强调通过个人自觉努力逐渐达到全人，以及存在主义哲学的非理性、个人主义倾向性和唯心主义的神秘色彩等，都具有历史局限性。

（二）关于全人教育思潮兴起的研究

研究全人教育思潮兴起的代表学者有文辅相、刘宝存、谢安邦、张勇军、刘云等。文辅相认为，当今世界许多大学存在一种不协调、不平衡，与社会发展不相称的趋势，即以科学技术教育基本取代人文教育，以现代文化教育基本取代传统文化教育，以单一专业教育基本取代人格整体教育。为扭转这种趋势，必须确立全人教育。文辅相指出，全人教育应是"教育者首先要把学生作为一个人，一个主体性的人，一个有情感有智慧的人；同时，力求把他们培养成为一个具有与他们所受教育层次相称的文化积淀与文化教养的人，一个具有与他们所在大学、所学系科（或专业）相应的知识与视野并获得必要的技能和能力训练的人，一个在生理与心理、智力与非智力、情感与意向诸方面协调发展，具有较高综合素质的人"[②]。为了培养这一类人，他提出了"教化—示范—养成"为基本途径的文化素质教育路

---

① 侯长林，罗静，郑国桂.雅斯贝尔斯大学整全人教育思想探讨[J].教育探索,2016(1):17-21.

② 文辅相.文化素质教育应确立全人教育理念[J].高等教育研究,2002(1):29.

径。刘宝存认为,全人教育思潮是对制度化教育危机和社会危机的一种反思,是对 20 世纪末全球化经济体系和全球文化发展的反映,试图通过一种新型的人本化的教育解决教育和社会发展中的问题,试图在当前的"军备竞赛—工业发达—全球化—合作的体系"中创造一种新的文化。他将全人教育思潮的哲学基础归纳为联络(connectedness)、整体性(wholeness)和存在(being),并总结了全人教育的十大主张,即为人类的发展而教,将学习者视为独立的"个体",经验的关键作用,整全的教育,教育者的新角色,选择的自由,为参与式民主社会而教,为培养地球公民而教,为地球的人文关怀而教,精神和教育。刘宝存进一步指出,"全人教育不是一种特殊的课程或方法论,而是一整套教育思想,它强调人的整体发展,强调个体的多样性,强调经验和个体之间的合作"[①]。谢安邦和张东海认为,20 世纪六七十年代,借助人类对大脑功能的更深刻认识,认知理论、学习理论的研究进展,以及当时反主流文化所感兴趣的精神性和神秘主义,美国一些教育学家希望纠正现代社会过于看重有用性和技术理性的倾向,强调非理性、非智力的正当性。他们以人文主义心理学和强调情感取向的教育为思想资源,主张抛弃传统上对课程和智能的强调,转而注重发展人的"自尊、良好的人际、健康的身体、对生命的所有方面的尊重、建设性的社会参与、创造性的直觉思维,以及独一无二的人生经历",从而形成以追求"人的整体发展"为主要旨归的"全人教育运动"(holistic education movement)。[②] 谢安邦等人还总结了全人教育思想的几个基本特征,如强调教育的目的是培养人的整体发展;强调联系、关系等概念,包括学习者之间、年轻人与成人之间的关系;关注人生经验,而不是狭隘的"基本技能",而是无限的视野;使学习者对他们身处其间的文化、道德、政治环境具有批判性思维等。刘云和谢少华立足全人教育思潮对中国的影响所给予的启示,提出致力于现代

---

① 刘宝存. 全人教育思潮的兴起与教育目标的转变[J]. 比较教育研究,2004(9):20.
② 谢安邦,张东海. 全人教育的缘起与思想理路[J]. 全球教育展望,2007(11):48.

化转型的中国社会以对物质利益的追求为先导所带来的一系列弊端,致使教育体系中功利化的倾向造成人格发展的狭隘与畸变,且过度专业化的知识向度更是导致生命虚无感滋生和崇尚人文的价值观丧失。正是出于这些原因,全人教育思潮才开始在全球流行起来,并传播到中国,对国内高等教育具有极强的启示作用。首先,全人教育以人为本的理念启示着社会转型中的中国教育应该高度关注"人之为人"原则的价值,转变教育以受教育者的知识增长和技能提高为单一目标的模式。其次,应该注重人才培养上的人文回归,转变将受教育者塑造成缺少人文精神的"工具"这种教育模式。最后,应该在教育管理中突出人的"全人成长"目标,转变传统的忽视受教育者主体地位的封闭型管理模式。①

(三)关于全人教育教育教学微观实践的研究

以陆小兵、土田园和唐少清等学者为代表。陆小兵等人将全人素养作为全人教育实施的核心内容,并以研究生教育为例,使用量化分析等手段,提出了研究生全人教育的不足与指导建议。这是全人教育进行量化研究和实证研究的开山之作,采用了"背景要素与能力指标互际网络"的构建。该研究表明,研究生全人教育,首先应该优化通识课程建设和实施模式。一方面,通过思政课程强化自我修养意识,无论在学术上还是在生活中,有效提升研究生的诚信素养;另一方面,通过通识教育管理部门的统筹协同,从宏观上与注重感情维系、有目标不盲从、冷静有序、民族自豪感、决策力、善于观察思考和号召力等要素建立起较强的联系。其次,强化以项目为依托的研究生培养模式。最后,关注终身学习意识的强化和环境的营造。②土田园以美国幼儿入学准备评估为研究对象,进一步分析了美国"整全儿童"为培养目标的相关实施过程与措施。美国佐治亚州政府在大量理论研

---

① 刘云,谢少华.全人教育理论对高校学生工作管理模式建构的启示[J].山东社会科学,2015(12):249-250.

② 陆小兵,韦家朝.全人教育理念下的研究生"全人"素养解析:基于背景要素与能力指标的社会网络分析[J].南通大学学报(社会科学版),2021(6):122-128.

究与试验的基础上开发了幼儿园发展技能清单2.0。其作为一种基于学习进展的幼儿入学准备形成性评估,在制定过程中奉行全人教育理念,以儿童为中心,以培养整全人为目标,具有涵盖儿童全面发展、评估儿童真实表现,以及提供教育专业发展的特点,这对我国变革幼儿入学准备评估理念、建设完善入学准备评估体系具有积极意义。[①] 唐少清对中美,以及我国内地与港台地区在全人教育上的诸多差异,如实施时间、内容、目标、形式及机构等做了梳理与比较研究。在全人教育内容比较上,中国香港地区以香港浸会大学、香港理工大学为代表。香港浸会大学注重人的智力(intellectual)、体力(physical)和心灵(spiritual)的培养,致力于培育"民知学技创通群"的全人。香港理工大学侧重SPECIAL(S,Social development,群;P,Physical and psychological development,体和精;E,Ethics,德;C,Career,业;I,Intellectual development,智;A,Aesthetics,美;L,Learning,学)的培育方案,致力于培养"能干的专才和负责任的社会公民"。中国台湾地区以中原大学为代表,其主要以"天、人、物、我"为培养内涵,致力于培育具备"学术与伦理的卓越、领导与服务的风范、全球与宽广的视野"的全人。美国主要以北卡罗莱纳、杜克、宾夕法尼亚等著名大学为代表,其中,北卡罗莱纳大学以培养"具有国际视野,成为能理解人类多元文明成就并能做出自己贡献的公民"为教育目标。宾夕法尼亚大学以培养"趋向理想、基于现实、富于创新"的全人为教育目标。[②] 唐少清从比较研究的角度,归纳了中美,以及中国内地与港台全人教育的异同。"异"更多在于培养方式、手段和途径,而"同"更多在于培养全人的内涵,如德育、美育、创新教育和国际视野等。

(四)关于全人教育在职业教育领域中的研究

该领域的研究者主要有许朝山、蒋晓明、李名梁等学者。许朝山等人

---

①　土田园.全人教育视域下的美国幼儿入学准备评估:基于"佐治亚州幼儿园发展技能清单2.0"的考察[J].教育理论与实践,2023(11):23-27.

②　唐少清.全人教育模式的中外比较[J].社会科学家,2014(12):110-118.

认为,全人教育理念的核心思想是将人作为完整的人加以教育,强调对人的整体性培养,契合习近平总书记提出的培养德智体美劳全面发展的社会主义建设者和接班人,并进一步探索了旨在促成学生全面发展的新型高职人才培养方案。方案从"三种手段、三个体系"入手,即思政贯通、双线融合,重构全人教育人才培养目标体系,覆盖人才培养目标和规格,开发"全流程项目"专业课程体系,围绕培养目标达成度,开发"三循环"评价体系。① 蒋晓明等人认为,科技进步引发传统工作世界的颠覆性变化,直逼职业教育人才培养模式改革。闲暇社会改变了人们对职业教育的狭隘认知,要求职业教育包含更高的目标诉求,亦即聚焦立德树人根本任务,培养德智体美劳全面发展的社会主义建设者和接班人。马克思主义认为,人的全面发展就是人的自由和解放,共产主义社会就是劳动摆脱谋生压力而成为自觉创造和快乐人生源泉的有序"自由人联合体"。由此,人的自由发展与完全解放是职业教育的内在自觉和根本价值趋向。后现代社会促使人的全面发展从教育理想成为现实需求,职业教育应在马克思主义人的全面发展学说和习近平新时代中国特色社会主义思想引领下,培养出有才、有魂、有趣,活出精彩的"完整的人"。② 李名梁认为,我国已进入中国特色社会主义新时代,职业教育的发展面临着政治新气象、经济新常态、技术新变革、就业新态势等全新挑战,职业教育领域实施全人教育必须在新时代语境下加以考量,充分考虑各种环境变量对实施全人教育理念及其模式的深刻影响,同时重点关注职业教育利益相关者的利益诉求,最终制定相对合理科学的全人教育模式与实施路径,如实施"校企合作、内外联动"的全人教育模式,以及实施利益相关者"分工明确、协同参与"的全人教育模式等。③

---

① 许朝山,汤雪彬,刘平.全人教育理念视域下高职人才培养方案的研究与实践[J].职业技术教育,2020(14):15-19.

② 蒋晓明,易希平,张晓琳.后现代社会的职业教育走向:实现人的自由发展与完全解放的全人教育[J].大学教育科学,2021(5):119-127.

③ 李名梁.新时代语境下职业教育领域实施全人教育的挑战、逻辑及模式[J].教育与职业,2018(17):5-10.

第二节　身份重塑:由教师至教练之蜕变

全人教育是以人为本的教育,既关注人的能力发展,也关注人精神发展的教育,最终达到专业教育与人文教育之间的平衡,学识修养与人格之间的平衡,个人与他人之间的平衡和人的身、心、灵、技四者之间的平衡。高等职业教育不仅要培养学生的工作能力,更要重视培养学生潜在的创业和发展能力。高职教育的本质属性是高等教育,因此高职学生首先必须具有专科学历层次的人文素养和文化品位,并在此基础上积累与高等专业技术人才相匹配的专业技能。"师资",语出《老子》,今指能当教师的人才。在传统教育观中,师资是能够承担各类专业课程知识传授与技能培训的任课教师力量。从这一理念出发,全人教育明显拓宽了师资的范围,也极大丰富了师资的内涵。我们可以从范围和能力2个层面来认识师资。

从横向的师资范围说,高职的全人教育坚持"以学生为中心",教育贯穿学生入校、求学至毕业的全周期。以校园内径看,教育覆盖学生在校学习、生活的方方面面,专业任课教师不是师资的唯一力量,也不可能承担所有的教育职责。党的十九届四中全会提出,要建立全员、全程、全方位育人体制机制,改变狭义上的高校全员育人,要求教育实施力量不仅包括教师,还包括校内行政管理服务人员等工作人员。杭州万向职业技术学院通过探索认为,党政团、班主任辅导员、学生朋辈和后勤服务人员,都可以成为全人教育师资的重要补充,实现讲台到平台的场景转化。

从纵向的师资能力说,新时代的高职全人教育对师资提出了更高的要求。全人教育关注学生个性化多元发展、通用技能掌握、高阶思维培养和潜能的发掘。杭州万向职业技术学院从"围绕学生、关爱学生、服务学生"的核心出发,以三教改革和课堂革命为抓手,着力建设品德高尚、学识渊博、技能高超、机制创新的师资队伍,不断推动从教师到教练的角色转换、讲授到组织的行为转轨、经师到人师的内涵转变,促进全院学生全过程、全方位成长,有效实现全人教育的发展目标。

一、角色转换:从教师到教练

现代教学论主张教学活动并非单纯的知识传授活动,而应是师生之间思想、情感和心灵相互交流、沟通与促进的过程,以此达到"共识、共享、共进"的理想教学境界[①],由此推动传统的讲授型教师向现代的教练型教师转变。教师向教练的角色转换,带来了主体定位、教学模式、教学策略、教学技能、教学实施和教学评价等环节领域的颠覆与革新。

传统课堂教学以教师为中心,偏重于对学生进行知识传授和技能训练,在二者的关系中教师处于权威地位,强调管理,注重学生的服从,即"教师教,学生学""课程结束则学习结束"模式,容易与学生产生距离感,难以建立信任关系。教练型教师则需要教师重新认知自己的角色,以学生为主体,建立平等的交流关系,构建"教师与学生一起学""课程学习持续进行"模式,强调发现优点亮点,倡导主动创新。

以篮球场上的教练与球员关系为例。教练积极融入球员团队,通过对球员不同性格、能力和优缺点的发现,设计集体目标,凝聚团队梦想,将球员置于各自最合适的位置,运用示范、暗示、激励、分配、调动、协调、协助、纠错、总结等教练技巧,激发球员和团队不断突破自我赢得比赛。教练意图贯彻的全程,就是球员和团队成长的过程,其重在意识引导和精神鼓励,帮助球员发挥各自特长,相互促进,在完成不同阶段的比赛中积累经验,实现球技水平、合作意识、运动智商、抗压能力的提高。重要的是,在这种关系建立上,教练不必拥有比球员更好的体质与球技,其更乐于看到球员超越自己,从一次次进步中、团队的一场场胜利中建立与教练的深度信任。

---

① 涂锐.“教练型”教学模式运用于高职教育的理论初探[J].教育与职业,2011(36):187-188.

(一)教练型教师教学活动的角色定位

协作者:有心的支撑。教练型教师依然处于教学活动链条中,但不再以自己为中心,而是成为教学环节的合作者、协调者。通过研究学情掌握学生的特点,运用教练技术建立师生信任,发现限制学生全人发展能力的问题所在,分享所需的学习资源,坦诚交流共同探索解决问题的方法,激发学生的主观能动性,帮助学生在学习中养成"发现问题、研究问题、解决问题"的习惯。

设计者:有方的规划。教练型教师依据教学目标,针对学生特点在不同阶段设置不同的学习任务。针对学生的多样化需求,合理安排教学训练。引导学生自行制订学习计划和掌握学习进度,探索帮助学生自身成长和自我赋能的空间。设计以数智技术和个性化学习体验为双驱动的企业真实工作情境,设定逐层突破疑难的有效提问,激励学生最大限度地深度学习。

促进者:有力的推动。教练型教师放弃课堂秩序和学习行为的控制者角色,转而成为激发学生自主管理、主动学习的推动者。在虚实结合的学习空间领域中为学生提供实操和探究经历,运用教练沟通技术,提升学生的求知欲和创造力,使其在自主学习与小组学习中促进知识和技能的巩固与迁移,提升信息感知、逻辑思维、情绪控制、赢得信任、实践执行等综合能力。

分析者:有效的评估。在密切关注学生学习进程中,教练型教师能够在课前、课中和课后不同阶段做出及时分析和有效评估,借此实现答疑指导、修正完善和总结评价,助推学生客观判断、自我反思和理性决策的能力养成。教师利用分析结果指引方向的同时,鼓励学生制订自我评价和小组评价的标准,实施各种形成性评估与终结性评价,引导学生和教师一起为教学效果负责。

(二)教练型教师教学能力的模型构建

教学能力是教师的核心竞争力,也是影响教学质量的关键因素。教练型教师教学能力的模型构建应与具体课程、教学情境结合,围绕教学目标、教学设计、教学实施、教学评价 4 个方面,循环提升教学综合质量。

第一,"四阶段"的教学目标设置能力。教练型教师按照"了解、初学、掌握、熟练"4 个阶段进行教学目标设置。了解阶段是指教师通过实践操作,引导或组织学生体验或明晰完成某项综合性任务所需的流程与技能;初学阶段是指学生根据布置的工作任务,在教师的帮助下实现初步实践操作;掌握阶段是指学生能脱离教师指导,按企业工作流程,独立完成某项综合性任务;熟练阶段是在熟能生巧的反复实践中,融入学生创新思维,自主改进提高和设计创造。

第二,"四环节"的教学过程设计能力。学生有怎样的学习特征,学生该学会什么,怎样促使学生有效学习,如何检验学习达成度? 教练型教师主要依据"分析、目标、活动、反馈"4 个环节进行教学设计。分析环节是指分析高职学生的认知能力、学习习惯、兴趣特点,发掘学生需求;目标环节是指确立教学需要达成的知识与技能、过程与方法、情感与态度、价值观等学习目标;活动环节是指紧扣工作任务的学习进度安排、学习情境设计、学习方法选择、学习资源开发与应用;反馈环节是指在教学设计中给予学生即时有效回应,帮助学生发现问题,提供解决改进的思路,激发学生的学习热情。

第三,"四步骤"的教学组织实施能力。组织是教练型教师教学的第一行为,教师通过"引导、提问、帮助、学习"4 个步骤组织实施教学。引导是指通过布置讲解工作任务,带领学生按计划实施,激发学生学习动机和热情;提问是指运用观察、聆听、发问、区分、回应等教练技术,与学生共情,就学生在完成任务过程中存在的疑惑、困难、需求给予精准回应;帮助是指集合各种教学资源手段,调动学生自主意识,鼓励学生通过批判性思维,找到解决问题的途径,与学生共同寻求问题答案;学习是促使学生通过沉浸体验、小组协作、自主探究等方式,进行深度交互学习,完成高阶思维训练,发展核心素养。

第四,"四方面"的学习效果评价能力。教学评价是教学管理的重要行为和结果呈现。教练型教师将评价过程化、阶段化、多元化，从评价"主体、目的、标准、方式"4个方面构建符合高职教育规律的新学习效果评价模式。首先，遵循学生是评价主体，课堂教学是评价客体的理念；其次，明确评价的目的是培养学生的理论知识、职业能力、人文素养、情感与态度、价值观，促进教师持续改进教学设计和教学组织；再次，建立由学习态度、学习表现、自主学习、合作学习的效度深度，以及学习成果共同构成的多维评价标准；最后，形成教师、学生、企业三方共同制订的评价量化表，使评价回归到符合职业岗位标准、提升教学质量、促进学生个性化多元化发展的教育本质。

二、行为转轨：从讲授到组织

全人教育教师角色向教练的转换，直接带来教学行为的转轨，即从传统教学的知识单向输出（讲授）向推动学生以多种形式积极参与教学互动、自主性学习（组织）的转变。从讲授到组织，突出的是动作过程，将"组织"作为教学的第一行为，这也是教练型教师的典型特征。组织教学行为要求教师走下三尺讲台，走入学生中间，教学要从讲台向教室、教室向校园、学校向社会（实践、实训）延伸，主要目标是激发学生潜能，鼓励他们自己去寻找正确的学习方法，掌握技能。

（一）善于研究学情

对教学对象（学生）学情的掌握，是讲授到组织实现的基础。这里所说的学情，不单指传统教学中对学生群体与个体基本情况的表象知悉。如杭州万向职业技术学院从高等职业教育的类型出发，要求教师密切关注学生就学全周期情况，从入学阶段的通识教育基础、专业知识基础和家庭生活背景等，到入学后的学习专注度、学业适应度、科学人文素养、自我管理能力、群体协作表现、兴趣特长呈现等，再到毕业前期的自我发展期许和就业方向目标等。以服装设计专业为例。要求教师了解生源来自普通高中还是职高、中专、技校，是否具备美术功底，是否有一定服设实操技能，交际沟通能力怎样，宿舍、班级合群度如何，毕业后是否选择升本，远期就业有怎样的目标，等等。

需要指出的是，高等职业教育是一个为期数年的过程，所以对学情的掌握和研究必然是动态的，需要结合内外环境适时调整完善，如内部的学生成长、专业群专业课程发展、职业教育政策调整等，外部的市场变化、行业异动等。只有充分掌握学情并开展深入持续研究，以激发学生潜能、强调学生自主学习、提升职业适应能力为目标的组织教学行为才能进行。教师要结合教学大纲与课程标准，根据授课对象的共性、个性特征，完成不同阶段教学的任务设计、路径建设和目标达成，最终实现学生的全面发展。

（二）善于动员交际

传统意义的讲授教学，强调教师的逻辑构建和语言表达，要达到知识、技能传递的目的。教师在讲授中较少顾及教学对象的感受，学生是被动的接受者、消化者。组织为教学的第一行为，则更突出教师的动员和交际能力，即运用言语表达、行为示范和技巧激励，发动学生个体和小组团队参加学习活动、自主学习，达到唤起学习实践热情、找到多种方法、持续跟进目标的目的。在组织教学的过程中，教师要充分考虑教学对象的情感体验，让学生变为主动的参与者、思考者。同样以服装设计专业为例。在"华服文化与创意设计综合实训"课程中，教师以汉服亚文化为设计主题，要求融入"新国潮、新材料、新文化"理念，设置了开放性的学习任务供不同需求的学生选择。教师下发调研任务书和资料，主要发挥引导、答疑和评价功能，组织讨论、实践和展评。学生则以团队形式自主确立设计主题，制作 PPT进行分析梳理，归纳设计方法，最终应用于自己的作品中。

组织教学中的交际能力，不仅指教师善于发现教学对象的共性和个性特点，循循善诱因材施教，取得动员的实际效果，还包括鼓励引导学生学会独立思考，运用逻辑思维，自主寻找学习资源和方法。与小组、团队成员共同制定目标和规则,明确分工、平等交流,在达成学习目标的过程中学会清晰表达、主动配合、寻求支援、良性竞争和适时妥协。

(三)善于团队培养

将同一班级的学生分为不同的小组、团队,是高等职业院校教学特别是实践教学最常见的形式。相对于独立个体学习,认同群体行为、自愿融入其中成为一分子的团队学习模式下的学生学习热情更高,学习成效更好。将学生以小组、团队建制分列,固然能提高组织教学的动员和引导效率,但这不是简单的人数、性别和物理分割。如何结合教学对象的共性和个性特点,恰当合理地匹配成员,科学设置学习任务,对组织教学来说是一大难点。

教师以组织作为教学的第一行为,重点是善于培养学习型团队,就是建立一种能使学生以最佳学习状态聚集实现目标、完成任务的组合。学习型团队,是一种有机的、高度柔性且能持续发展的组织,内部拥有浓郁的学习气氛与集体荣誉感,能够调动学生的积极性,让其自我督促和相互感染。组织教学要求教师扮演好教练角色,充分发挥指挥、引导、推动和评估作用,在掌握学情的基础上将教师选择与学生自行组合相融合,搭建团队,明确分工和职责,在课程目标指引下分阶段设置学习任务,对学习结果进行评析比较,及时提出意见建议,还要在个体与集体发生矛盾、脱离团队学习时发挥指挥官作用。培养学习型团队的终极目标,就是让团队所有成员在课堂学习和实践学习的集思广益中掌握知识和技能,在群策群力的协作中学会正确处理遵循游戏规则与独立思考创新、自律与他律、责任与义务、主导与配合、个人利益与集体利益等多种关系,实现综合能力的全面提升。

三、场景转化:从讲台到平台

全员育人理念极大地延伸了传统的师资概念,但拓展出的各类群体师资。这些群体在全人教育中应该分别扮演怎样的角色、承担怎样的功能,彼此间该以怎样的关系相互配合? 经过多年实践,杭州万向职业技术学院探索构建出由党政团、教师、班主任辅导员、学生朋辈与后勤服务人员共同构成的育人矩阵,完成了教师讲台育人到校内多平台携手育人的场景蝶变。

(一)党政团育人的顶层领航

高校党政团育人是由学院党委、系党总支、系党支部、系团总支、系团支部和学生处共同构成的育人平台,是高校落实立德树人根本任务的核心与关键。以杭州万向职业技术学院为例。其全人教育模式下,党政团育人平台位于架构顶端,既是高校育人师资的重要组成,也是多场景育人的领航者、总舵手。

一是做好顶层设计。党政团育人平台中,学院党委把握方向、决策部署,着力做好全人教育的顶层设计、规划制定与工作总安排,将全人教育作为管党治党、办学治校的重点任务,发挥统领大局、调动协调、评价考核的作用,实现大思政教育、专业教育和实践教育的有机融合。系党总支、系党支部做好学生党课启蒙教育,推动全人教育方案、课程思政落地。系团总支、系团支部组织团员青年学习党的基本知识,增强学生党性,发挥团员先锋模范作用,鼓励积极向党靠拢。学生处负责指导班主任、辅导员和学生干部队伍,确定相关工作职责,制订教学计划,并通过社团、活动、项目等环节开展全人教育。

二是用好多种资源。要注重发挥领航协调作用,调动校内各平台场景育人主题的积极性和能动性,将线上与线下、校内与校外、理论与实践相结合,用好多种资源和工具,将思政教育、课程教育、劳动教育、匠人教育、实践教育贯穿学生在校学习全周期,促进教育高质量发展,全方位完善学生的专业知识、实践技能和职业素养,培育学生服务社会的奉献精神。

(二)教师育人的素质培养

教师是全人教育的主体。杭州万向职业技术学院教师育人平台由学院和系专业教师(专业课)、基本课程教师(公共课)、全人发展教师(选修课)和外聘兼职教师(实训课)共同构成,建设专业、科学、人文、实践等多种能力素养齐头并进的全人教育课程体系,培育德技兼修、工学结合的新时代高质量技能人才。

一是专业课程教师重精专。专业课教师主导专业知识、专业技能和专业素养的培育,重点是精与专。在胜任教练型教师角色以组织为第一行为充分传授专业知识技能的同时,要创新构建专业群共享课程,开展以新内容、新场景、新媒体、新学法、新评价的"五新"课堂革命,打造美好课堂。在推进课程内容革新方面,充分融入市场化、现代化、国际化和数字化,加入思政元素、英语元素、应用元素和校本元素,实现课程的实用、好玩、有意义。

二是公共课程教师重培基。基础课程主要有思想政治、高职英语、信息技术和高等数学等,这些课程均采用线上线下相结合的教学模式。教学重点是发挥德育的主阵地作用,培养学生掌握科学文化基础知识,以夯实通识教育基础来提高学生自主学习的思维能力、逻辑能力、创新能力,进而增强就业竞争能力和社会适应能力。

三是选修课程教师重拓展。全人发展课程坚持全人教育理念,以促进学生全面发展为目标,开发了包括核心能力与素养、本国与国际知识、科学技术与环境、社会服务学习、体育健康、非遗系列等在内的课程体系,通过项目化、活动化、社团化、社会化等形式传承中华优秀传统文化,帮助学生陶冶情操、修身养性、舒缓情绪。

四是外聘兼职教师重实践。建立以其他院校教师、专业机构学者、行业专家、企业技术骨干和工匠组成的兼职教师队伍,指导专业群建设,参与专业知识和实训实践教学工作,重在管用。同时设立"大师工作室"提高学生"三创"能力,设立企业学院双导师制,积极与行业市场对接,指导顶岗实习与毕业设计,努力实现与就业接驳。

（三）班辅育人的引导沟通

作为全人教育的中坚力量，班辅育人平台由班主任和辅导员构成，负责学生工作队伍建设，发挥引导和沟通功能，指导、管理和服务学生的日常学习生活。班主任和辅导员岗位的工作重点、年龄经验、育人数量不同，但育人对象和目标一致，二者既要清晰定位、明确分工、各司其职，也要充分交流、互为犄角、相得益彰，共同形成协同育人有效机制与方法。

首先，班主任做好引路人。优先选择专业教师担任班主任。班主任是学生大学期间学习的引路人，侧重于学生学习的指导与就业、个人未来的问题解答。班主任既要成为学生学习专业知识、培养实践技能的推动者，也要与任课教师交流，了解学生的基本学习生活状况，通过主题班会、班干部会议、进寝室交流等方式掌握学生思想动态，解决共性问题，兼顾个性问题，老办法新办法共用，硬办法软办法并举，引导学生积极面对学习竞争和社会竞争，帮助他们走向正确的职业道路。

其次，辅导员当好真朋友。辅导员队伍相对年纪较轻，工作重点在学生的校园生活上，与学生朝夕相处，更容易建立亲和关系。辅导员要当好学生的真朋友，在学生工作的高度、广度和温度上下功夫，不断提升个人学识素质，主动加强专业知识、思政教育、心理学、管理学的理论学习，掌握工作技巧；同时要认真研究"00后"大学生思维行动特征、兴趣爱好领域，对症下药，找到应对管理危机、解决疑难问题，以及帮助学生管理情绪、舒缓压力的有效方法。

（四）朋辈育人的榜样示范

高校朋辈育人指的是通过选拔政治坚定、思想上进、学业优异、乐于奉献的学生、学长，与同年级、低年级同学进行良好互动，实现"他助到互助，互助到自助"的共同成长育人模式，是高校育人和学生工作的重要力量。杭州万向职业技术学院的"校园朋辈大使"由高年级优秀学生、学生党员、团干部、班级委员和寝室长组成，通过全天候融入、全方位指导的开放引领,发挥榜样示范作用,最终达成育人目标的实现。

一是朋辈育人的阶段侧重。朋辈育人贯穿整个大学全过程,应根据不同阶段有所侧重。学生从高中阶段升入大一,生活学习环境、课业压力均有较大变化,此时的育人目标主要以树立正确的价值观和生活学习的良好习惯为主,朋辈大使主要在适应性帮助和陪伴交流上用力,指导新生形成诚信交际、刻苦学习、科学作息等习惯。在度过大学适应期后,朋辈大使则聚焦学习能力和综合素养的提升,一方面在学业上继续引领,帮助学生会用、善用校内外各类学习资源实现学业能力提升,另一方面主要利用学生的个人特长,将兴趣爱好与能力养成相结合,并在互动中实现相互正向影响。在大学后期,学生价值观基本形成,独立意识增强,朋辈大使则更多在毕业设计、实践技能和职业规划上进行指导。

二是朋辈育人的形式多样。朋辈育人形式的多维和立体,更有益于育人目标的达成。结对子等传统朋辈指导方式有助于情感交流,而在学业精进、文娱活动中通过分设小组、组建团队、达人培养计划等朋辈交流方式更容易激发学生主动性、参与感。杭州万向职业技术学院组织优秀校友、行业年轻代表报告会,通过面对面交流等方式,传递升学考研、就业创业的有益经验。此外,学院还将劳动教育、专业实践教育与社会服务教育相融合,发挥朋辈大使的传帮带作用,引导学生践行社会主义核心价值观,坚定通过奋斗实现个人价值和社会价值的信念。

三是朋辈育人的心理辅导。作为朋辈育人的一大重点,杭州万向职业技术学院高度重视开展心理健康教育。从实践看,朋辈是学生问题和困难的第一发现人和解惑者,同龄人之间进行的准专业心理互助,易共情,更能尊重学生的主体地位,达到"培养自主自助维护心理健康的意识和能力"的目标。除了开设心理健康相关全人发展课程外,朋辈大使与同学之间一对一,在私密场景下以倾听、尊重、不评判为原则进行心理疏导,更容易帮助学生培养平等交流、相互尊重、乐于助人等人际交往理念。

(五)后勤育人的迭代升级

高校后勤的育人功能,是一种长期的、隐形的教育,可以让学生放心学习、安心学习、舒心学习。作为落实"以学生为中心"全场域育人格局的重要链条之一,高校后勤服务既要体现人的榜样教育功能,也要发挥物的环境育人效用,紧密围绕学生需求,持续性、全方位实现迭代升级,以专业素养和高效服务感染、影响服务对象,润物细无声地助力学生的全面发展。

一是服务转型的理念升级。高校后勤服务转型的核心,归根结底是所有后勤部门和全体人员树立正确的价值观念与服务理念,能够在走近学生、了解学生的基础上,从传统"管理思维"向现代"服务思维"转变,从传统响应反馈的"被动服务"向现代创新发现的"主动服务"转变,从传统"解决问题为目标"向现代"态度亲和、解决高效、事后追踪为目标"转变。服务理念的升级,将有效推动高校后勤服务部门和人员真正掌握学生需求并发挥内生动力,并从职业精神、服务社会等层面发挥对学生的育人效果。

二是快速反应的能力升级。后勤服务涉及校园、教室、食堂、医务室、运动场馆、超市便利店等各类物理空间,工作包括安全管理、秩序维护、能源保障、环境卫生、餐饮供给、工程维修等多领域,要以问题为导向,完善"预先防范、及时发现、快速解决、有效反馈"的工作流程,构建多线多维、彼此贯通的动态服务体系,不断推进后勤部门应急预案的针对性、有效性,实现快速反应能力升级,为营造安全、舒适、放松的育人环境提供强大支撑。

三是顺应时代的内容升级。高校后勤服务要结合数字化管理转型,顺应时代潮流,结合新时期校园生活新需求、"00后"大学生新特点进行服务内容手段的升级。如通过校园网络扩容、餐饮品牌引入、自助设备增添等实现服务环境提升;如借助内网、校园App、公众号、小程序等提供告知提醒、保修投诉、订位订餐、咨询答疑、反馈评价、问卷调查等服务,实现服务渠道云上化;又如通过提供免费充电宝、增设网约车共享单车停车区、建设外卖快递取件站等方式优化服务内容,不断提高个性化、便捷化、智能化水平,提升后勤育人的广度深度。

四、内涵转变：从经师到人师

2014 年 9 月 9 日，习近平总书记在同北京师范大学师生代表座谈时明确提出："唐代韩愈说：'师者，所以传道授业解惑也。''传道'是第一位的。一个老师，如果只知道'授业'、'解惑'而不'传道'，不能说这个老师是完全称职的，充其量只能是'经师'、'句读之师'，而非'人师'了。古人云：'经师易求，人师难得。'一个优秀的老师，应该是'经师'和'人师'的统一，既要精于'授业'、'解惑'，更要以'传道'为责任和使命。好老师心中要有国家和民族，要明确意识到肩负的国家使命和社会责任。"

我国著名教育家徐特立先生的"双师"教育思想，也阐述了经师与人师的辩证关系，主要观点包括"教师是有两种人格的：一种是经师，一种是人师。人师就是教行为，就是怎么做人的问题……经师是教学问的""教师的职责应该是既做'经师'又做'人师'""每个教科学知识的人，他就是一个模范人物，同时也是一个有学问的人""教师自身必须是'经师''人师'合二为一的典范""教师之所首要者品性，次于品性者为教学能力"[①]等，就是指教师既要具备渊博的学识，又要具备高尚的师德，要以身示范，成为学生的表率，才能对学生产生感召力。

传统的职业教育偏重于对学生专业知识的传授和职业技能的培养，更多呈现经师或者叫作业师的功能，强调师资的"精"与"专"。而全人教育旨在"点亮生命、照亮未来"，催化了师资内涵由经师向人师转变，促进经师人师的高度融合，要求教师具备学术魅力、人格魅力和知行合一能力，以模范行为影响、带动学生，做学生为学、为事、为人的大先生。

（一）人师：强在学识

学高为师，是经师向人师内涵转变的基础。专业领域的知识技能，是

---

① 蒋福玲，肖维. 徐特立"双师"教育思想与高校辅导员团队建设的方向[J]. 大学教育科学，2015(6)：90.

教师职业资格的基本要求,也是开展一切教学实践活动、实施人才培养的前提。全人教育视域下人师的"学识",有着更为宽泛的内涵,要求人师不仅要拥有精湛的专业知识、熟练的职业技能、良好的科研水平,还应有清晰的逻辑思维、广博的社会见识、一定的科学人文素养。前面提到过教练型教师和组织作为教学第一行为,那么科学设置任务目标、有效激发学生潜能、培养学习型团队,也是"学识"的题中要义。人师的学识的强,不是把教师权威建立在传统教育模式"教师控制与学生服从"下,而是以高超渊博的学术魅力赢得学生尊敬,以亲和有效的育人方法获得学生喜爱,开启学生智慧,激发学生的学习热情和主动性。

学识强,并非恒定的认知判断。杭州万向职业技术学院在全人教育实践中得出"学识能力理当包括紧随时代发展变化的知识更新能力"的结论,对全人教育师资队伍建设提出"牢固树立终身学习理念,加强学习,拓宽视野,更新知识,不断提高业务能力和教育教学质量"的全新要求。从事高职教育的人师,必须不断增强守初心、担使命的自觉性、紧迫感和责任感,积极调试心态,主动完成自身专业知识技能、职业综合素养的持续更新,并在实践中得到检验,实现教学相长。如在推进三教改革的背景下,能否完成专业新知识体系的构建;能否运用数字化、新媒体工具获取学习资源;能否采取新方法、新手段提升教学实训效果;能否贯彻新理念、新教法激发学生学习热情,调动自主学习探究积极性;能否把握市场行业动向指引职业规划;能否迎合企业岗位需求指导实习就业;等等。

(二)人师:重在品德

身正为范,是经师向人师内涵转变的灵魂。苏联著名教育实践家和教育理论家苏霍姆林斯基在《给教师的一百条建议》中写道:"你们不仅是教课的老师,也是培养人的教育者,是生活的导师和道德教员。"要做培养心怀"国之大者"有为青年的人师,必须以修己立德为根本。立德树人的人,必先立己;铸魂培根的人,必先铸己。做好人师,要从严守政治纪律、严肃生活纪律、坚持廉洁从教、维护学生权益、遵守法律法规和恪守学术诚信等多维度树立良好师德师风。要坚定理想信念,时刻铭记和践行"政治要强、情怀要深、思维要新、视野要广、自律要严、人格要正"的要求,不断提高自身道德修养,以崇高的道德情操感染学生,以高尚的人格魅力影响学生,以自觉的模范行为带动学生,做到言为士则、行为世范,帮助学生养成勤奋刻苦、正直善良、诚实守信、爱岗敬业、乐于助人、奉献社会等品德,做有为、有力、有用的新时代青年。

坚持"大学之道,在明明德,在亲民,在止于至善"的治学之道,要求人师的品德养成要立足高等职业类型特征,结合当前高职学生思想状况实际进行。教师要摆正位置、放下架子,变控制学生为影响学生、管理学生为服务学生,建立平等交流、有机融合、彼此激励、相互成就的新型师生关系,在课堂教学、实践实训、社会服务、生活交往的互动中开展品德示范影响。深刻把握学生个性特点和成长规律,有教无类、因材施教,"用一个灵魂唤醒另一个灵魂",让每一个学生都有人生出彩的机会,做学生成长成才成功的引路人。

(三)人师:贵在行动

知行合一,是经师向人师内涵转变的路径。全人教育"围绕学生、关爱学生、服务学生"的核心理念,不是贴在墙上、挂在嘴边,归根结底要落实在教师的言行举止上。知行合一,知是基础和前提,行是重点和关键。对品德素养的提升修炼,责任义务的担当承受,职业岗位的热爱坚守,专业知识的渴求探索,职业技能的掌握运用,社会服务的投入奉献等,只有落实在自己有感知、学生能感受的具体行动环节,才能真正起到提升自我、影响他人的作用。知行合一,不仅是全人教育对人师综合素质的要求,也是教师给学生"通过实践取得真知,体验收获感知"最佳的示范路径。

杭州万向职业技术学院从实践中认识到,人师影响学生的行动感染,不仅体现在课堂育人成长的精神塑造、学业传授、技能训练、职业规划等宏观大事上,同样蕴含在校园学习生活的办事服务、作息起居、衣食住行、习惯养成等微观细节上。全人教育的各个育人平台和育人群体,都应抓住

"以学生为中心"这个"牛鼻子"，发挥人的榜样教育功能和物的环境育人效用。任课教师毫无保留的知识传授、悉心点拨的技能训练，班主任辅导员入教室进寝室面对面谈心、纾难解困，学生朋辈的交流共情、出手相助，后勤行政运用数字化手段提供"最多跑一趟"服务，甚至食堂师傅依据性别体型盛饭打菜确保学生吃饱，都是在细微之处用一言一行起到润物细无声、春风化雨的育人效果。

第三节　方法焕新：全闭环管理之实践

从教育理念的诞生到教育模式的全面实施、反馈、改进、完善，是一个长周期多细节全元素的系统工程。尤其对于全人教育这个只有相对理念，并没有严格的参照标准、教育课程和方法的"内化式"教育模式而言，其实践的方法和内容都呈现出较强的自主理解性质。杭州万向职业技术学院对于全人教育的把握主要从分解实践步骤、整合实践方法、确立模式模型、推进完善计划等环节入手，以促进学生专业技术、心理认知、精神情感、审美价值等全面发展为目标，来进行努力和尝试。本节和第四节的内容主要依据杭州万向职业技术学院的实践进行归纳总结，旨在为实现全人教育目标提供借鉴。

一、闭环管理的逻辑与实践

闭环管理的概念源自质量管理领域，原本指的是企业在生产管理过程中从计划、执行、检查、处理等环节中不断纠错完善，留存记录对比参照并不断发展的过程。这个原本属于生产管理中质量控制及改进领域的思想后来由于其简明有效而被推广到了更广泛的领域，现在多用来指代在工程项目推进的过程中，能够不断修复偏异、自我正常运转循环、少受外界干预影响的系统环境。

杭州万向职业技术学院在践行全人教育理念的过程中,秉承着项目管理不断迭代修正的思想,即全力推进全人教育这项系统工程不断前进并发展,一方面有明确的计划目标、执行步骤和检查反馈,另一方面希望通过改进不断推动项目的修正和再循环。因此,在确定全人教育的核心目标之后,学院初步梳理了针对全人教育的闭环管理的逻辑顺序。以厘清全人教育内涵、确立全人教育目标、选择全人教育路径、优化全人教育师资、构建全人教育评价、完善全人教育保障等几个环节为目标点,纲举目张,从模块任务和推进节点的角度整体上理顺了全人教育在杭州万向职业技术学院从理念到实践的全过程。下面对杭州万向职业技术学院全人教育闭环管理实践活动做一个简单的梳理。

(一)厘清全人教育内涵

自 2006 年杭州万向职业技术学院聘请香港理工大学相关专家指导办学以来,全人教育的思想开始被引入校园的教学管理进程。2016 年,学院开设全人发展课程,力图启动全人教育的系统工程。学院从全人教育的目的出发,希望学生成为具有独立人格、社会价值和全面发展的人,再结合社会主义新时期国家层面对高职教育的功能定位和价值定位,最终总结出了匹配学院办学特色和愿景的全人教育的内涵,即实现职业价值的终身学习、实现身心和谐的人格完善、实现个人价值的全面发展。

(二)确立全人教育目标

结合国家对职业教育的功能定位、人才培养定位和服务杭州的区域辐射理念,杭州万向职业技术学院从内涵引申出全人教育的目标体系,即:宏观意义的培养目标体系——全面发展、德技并修、健全个性、开启心灵;具象化的目标要素体系——培养世界的人、创业的人、和合的人;梯度化的目标层级体系——以匠人为底蕴,以达人为方向。该目标体系比较清楚明白而又全面地展示了杭州万向职业技术学院在全人教育这个命题上的思考和突破方向。

(三)选择全人教育路径

目标已定，全力推进。通过如下几条路径高质量推进全人教育的全面展开。一是融合化推进，从知识的传授、道德的教化、实践的躬行等方面布局全人教育。二是项目化推进，以解决问题、对接市场的理念宣导实践全人教育。三是活动化推进，通过各类课外活动丰富学生经历，提升学生综合素质。四是社团化推进，在同侪的合作互动中完成体验和提升。五是社会化推进，在实习、实践中感受专业技能和通识素养助力个人成长的真实状态。

(四)优化全人教育师资

全人教育不仅对学生来说是一个由内而外的蜕变提升，对教师而言更是提出了新标准和新要求。一方面，师资的配置涵盖了更多的学科范畴。按照全人教育的培训结构，杭州万向职业技术学院在专业培养、通识教育、素质提升各模块对教师资源进行了整合提升；扩充人数，实施"双百工程"，成立大师工作室，鼓励教师的技能提升和学历提升。另一方面，注重"人师培育"，注意师德师风及教学方法的改进，从教学手段到教育角色定位，开展课堂革命和新教法培训，评选鲁冠球教育奖，融入万向企业文化。

(五)构建全人教育评价

以指标化评价的思路，在总结多年全人教育实践的基础上，运用数字化的方法，评价大学生全人发展状况和大学生受全人教育影响提升增值的成果，以可观测的量化指标的形式表现大学生在多维度上的发展变化。引入"中国大学生学习与发展追踪研究"(China College Student Survey，CCSS)为调查工具，并结合"七彩核心素养"培育体系，以及学校品德操行分、素质拓展学分登记实践经验，建立起 4 个一级指标 15 个二级指标的指标结构体系。

(六)完善全人教育保障

全人教育内涵丰富、联动复杂，其教育系统的协同推进必然是一个久久为功的过程。由于其长期性、系统性、复杂性的特点，杭州万向职业技术学院制定了多重保障措施以便顺利和持续推进。一是各部门协同作战，把全人教育作为院级的重点工作来抓。目前全人教育已经被列为杭州万向职业技术学院 4 张特色"金名片"之一。二是进一步完善"五化"内涵，充实全人教育的内容和操作模式，利用各种资源达成全人教育的技术性职业培训和心理性自我完善的目标。三是形成可令多方满意的评价和反馈机制，从量化分数、技能学习、团队合作、内心感受、社会价值、正向回馈等角度达成评价结果和可持续发展的格局。

二、闭环管理的保障

高职教育阶段中全人教育的闭环管理能够循环发展下去的基础，其实主要靠学生、学校、企业、社会四方主体的共同需求。正是基于四方满意度增加的正向回馈，全人教育的理念和实施才能够持续运转、循环发展。对于学生而言，在就业压力越来越大的环境下能够找到满意的工作，根据自己的兴趣所长规划好自己的职业发展路径，通过自我完备的心理情绪状态能够把控好每个人生节点，努力奋斗。对学校而言，秉承立德树人的目标，通过全人教育的系统工程，为中国式现代化进程培养出更多技术型中坚力量和合格的社会化成熟人才。对企业而言，招揽到有一定实践能力和学习能力的员工，为生产研发和扩大经营储备足够的人才，进而增强企业在市场竞争中的实力，提高综合效益。对社会而言，在中国特色社会主义建设的新时代拥有更多的高素质技术人才，推动产业升级和转型，提高产业的技术含量和附加值，进而增强国家在国际上的影响力和竞争力，在实现中国式现代化的进程中培养并汇集更多的心智成熟、身心和谐的建设者队伍。

（一）组织保障

杭州万向职业技术学院从把全人教育作为学院特色的时候起，就意识到这是一项环环相扣的系统工程，需要得到全院师生的充分认可和全力支持。学院把全人教育列入杭州万向职业技术学院倾力打造的 4 张"金名片"之一，从院领导到各个系、教研室，始终把全人教育作为日常教学活动中的一个重要理念；建立健全全人教育课程体系，打造贯穿整个教育周期的全人教育人才培养模式；组织系统的全人教育校本实践和专项研究，全面实施"3＋N"达人计划，全面推进"三新"教育。全院上下一心，把全人教育的整体工程落实到日常工作的细节中去，形成闭环管理的主体推进力量。

（二）师资保障

为保障全人教育系统能够顺利推进，杭州万向职业技术学院深度贯彻"三全育人"教育理念，把师资定义为可供个体成长发展的一切资源和力量，构建了由 5 个育人平台组成的全员育人体系，即党政团管理育人平台、辅导班导育人平台、教师育人平台、学生朋辈育人平台和后勤保障育人平台。这 5 个平台各有区别又相互促进，齐头并进而相互合力：党政团负责宏观定调和考核评价，辅导班导负责生活学习的细节和全周期，教师是课程和企业实践方面的领路人，学生朋辈是日常生活最直接的接触者和影响者，后勤则提供最基础的生活保障资源。

（三）课程保障

对于学生而言，课程学习可能是受教育、学知识最重要的路径方式之一。为了打造全人教育的闭环管理模式，杭州万向职业技术学院在立足课程提质"四化四元素"（市场化、现代化、国际化、数字化，思政元素、英语元素、应用元素、校本元素）的基础之上，通过 2 个步骤，逐渐构建起全人教育课程体系。一是独立设置全人教育课程模块，共设置了 6 大类，17 门必修课程，50 门选修课程。二是把全人教育的课程全部打散，融入通识课程、专业群课程、专业课程，做到无差别同频教育，在课程内组合搭配。

(四)机制保障

杭州万向职业技术学院的推进机制可以理解为协调各个部门和环节,以便更好地发挥作用。学院全人教育评价与机制保障坚持以"人"的发展为导向,贯彻落实《深化新时代教育评价改革总体方案》精神,以文件和规章的形式建立了一整套从实施到激励保障的办法,具体包括《"三全育人"实施办法》《"3+N"达人评选实施办法》《新劳动教育实施办法》《新工匠教育实施办法》《全人教育课程多元化考核评价办法》《学生全人发展激励办法》等政策措施,真正实现了有本校特色的,可以信息共享、反馈及时、质量稳定、全程可控的全人教育闭环管理。

三、闭环管理的效果反馈

理念的推行需要实践,实践的效果才是验证。杭州万向职业技术学院自从锚定全人教育这个主体工作以来,在几年的摸索前进中取得了一些效果和反馈,进一步坚定了我们推进全人教育的自信心和责任感。

(一)从学生角度看:全面发展,顺利就业

教育的结果主要看学生的个人发展情况和心理感受。杭州万向职业技术学院的全人教育闭环管理从 2017 年的思想萌芽到 2019 年的全面融入人才培养全过程,再到今天的模式总结和完善,已经走过了近 7 年的时间。从学生的反馈结果看,在德技并修、综合素质提升、精神面貌改善等方面都有相当程度的收获。例如,自"1+X"证书试点工作以来,大数据与会计专业已经参加了 8 次 5 个"1+X"职业技能等级证书的考试,取得了优异的成绩,被"1+X"评价组织评为"全国创新示范院校"。2022 年,学院深入开展"3+N"达人计划,评选出劳动达人、技能达人、创造达人等三类达人各 10 名,评选出体育达人、裁判达人、防疫志愿达人、程序设计达人等"N 类"达人 800 余名。学生技能竞赛获得国家级一等奖 1 项、二等奖 3 项、三等奖 3 项、优胜奖 2 项,省级一等奖

11 项、二等奖 18 项、三等奖 34 项。近几年,学院的学生就业率均在97％以上。

(二)从专业角度看:擦亮品牌,提升质量

杭州万向职业技术学院以立足杭州,面向长三角,服务跨国企业为区域服务定位,以培养适应新时代社会主义建设的综合性技术人才为己任,积极推动全人教育与专业品牌建设相结合,注意在培养模式、专业课程中融入全人发展元素。学院的服装设计与工艺专业成为教育部骨干专业,国际贸易实务专业群获得省"双高专业"立项,康养游专业群通过杭州市属高校新型专业群建设项目验收,建成了"营养与健康服务中心""修心养性实训基地""健康智慧生态园(颐养示范基地)"三大基地,形成了集产教研和双创教育于一体的示范中心。在课程方面,学院进一步优化全人发展课程和专业群共享课程。仅 2022 年一年,就动态建设 38—40 门院级精品在线开放课程,6 门课程被认定为省级精品在线开放课程,"化学分析"入选国家级精品在线开放课程。此外,学院获省级课程思政示范课程建设立项 6 项、省级课程思政教学研究项目 4 项、省级课程思政示范基层教学组织 1 项。

(三)从学校角度看:特色凸显,多方认可

经过全体员工的不懈努力,目前杭州万向职业技术学院已经形成了以全人教育、国际化教育、美好教育、"三创"教育为特色的 4 张"金名片",在近些年的浙江省教学业绩考核中,均进入"第二方阵"。2022 年 9 月,杭州万向职业技术学院牟惠康院长在全省高职院校书记院(校)长培训班上以"素养、模型、指数:高职院校全人教育创新实践"为题介绍办学经验,获得好评。"基于'七彩核心素养'的职业院校学生全人发展指数评价体系构建"获浙江省深化新时代教育评价改革单项试点项目。2022 年,作为省政府新一轮高职督导评估 10 所试点院校之一,杭州万向职业技术学院是第一所接受督导评估的试点院校。评估专家组指出:学院最近几年锐意改革,取得成效;积极向上,奋发进取,谋划新的发展,符合国家和省有关职业教育改革发展的精神。在实现中国式现代化的进程中,学院将继续凝练品牌专业,贯彻先进教育思想,上下协力,万众齐心,为党育人,为国育才,为把学院打造成有国际视野、独具韵味的高职院校而奋斗。

第四节　模式构筑:"三全五化"育全人之策

在全面贯通全人教育的逻辑体系与研究基石之后,接下来的步骤是将全人教育的探索与实践不断具体化、精炼化,塑造出具有鲜明辨识度的特征,构建可操作的载体,并借助多维度的标准与可视化的评估体系不断加以丰富和完善,最终形成一个可复制的全人教育模式。

一、"三全五化"育人模式

所谓"三全五化"育人模式,即通过全员育人、全程育人、全方位育人,融合化、项目化、社团化、活动化、社会化育人,实现全人教育目标的总体操作方略。

(一)全员育人

全员育人是指在整个主体受教育的周期内,构建由学校、家庭、社会、学生"四位一体"的育人体系。对于高职院校来说,主要在院内布局党政团、辅导班导、教师、学生朋辈、后勤保障的育人体系。通过制定相应职责,培训骨干模范,开展深入访谈,实施课堂革命,推进青年领袖计划,打造数字化精品服务等策略,贯穿学生的学习生活,深入学生校园活动的每个轨迹,完成360度无死角的育人举措。

(二)全程育人

全程育人是指对学生的全人教育宣导,涵盖学生从入学到就业的各个阶段,设立多个节点以标注明确的量化任务,形成无缝衔接,实现全流程的指导。比如：入学阶段的爱国爱校、安全健康、习惯养成、规则诚信、奖学励志等多方面的主题教育；主体学习阶段的思政课程、专业课程、全人发展课程的内容架构和教学做一体化素质提升行动，"三创"教育和各类竞赛与达人计划；毕业阶段的顶岗实习、心理关怀、就业指导等。全程育人要想在前处，做在实处，扎扎实实地帮助学生完善自我，形成实际有效的育人手段策略。

（三）全方位育人

全方位育人的内涵与全人教育的目标指向具有一定的相关性，即除了传授工作方面的知识和技能外，还需要培养学生健全的人格、高尚的道德情操、稳定的心理素质、强健的体魄和自律的管理能力等。杭州万向职业技术学院基于学生成长成才的需求，以课程思政、课堂革命为抓手提升"第一课堂"的含金量，以校园社团、"三创"活动、主题教育为抓手拓展"第二课堂"视野度，以社会实践、志愿服务为抓手树立"第三课堂"使命感，以互联网阵地为"第四课堂"，传播正能量，树立新风尚。

（四）融合化育人

融合化育人的含义比较宽泛，融合学校、融合师生、融合先进的教育理念、融合现代科学技术等都能涉及。具体到杭州万向职业技术学院的实践，则是在结合五育融合的基础上，将文化、实践、创新融合化育人，旨在提高学生的自主发展、合作参与、家国情怀、社会关爱和创新实践能力。以传统文化、校企文化、红色文化为思想熏陶，以"青年马克思主义者培养工程"、暑期"三下乡"工程、对外交流"四梦一强"项目为实践活动，以美好课堂、新媒体创新为创新行动，三者融合打造育人新路径，显现教育的内在价值。

（五）项目化育人

项目化育人即通过多主题、多形式、多内容的项目拓展教学课堂内容，延伸学生学习的触角，培养学生的专业能力和品德素质。杭州万向职业技术学院通过学校、政府、社会等多方面协同,设计并实施了多项特色鲜明、效果显著的全人教育校本化项目(部分项目见表 4-2)。通过扩大项目的覆盖范围,设计项目对学生的提升维度,建立项目的长效机制等做法,提升项目化育人的效果,拓展项目能力的提升范畴,助推学生在项目实施中高质量完成自我价值的提升。

表 4-2　部分全人教育校本化项目

类别	项目名称	项目内容
万向教育基金"梦系列"	"万里追梦"国际交流项目	赴美国、英国、新加坡等地参加领导力训练营
	"寻梦中国"人文素质提升项目	乡村支教、丝路寻访等国内考察交流
	"升学圆梦"奖学金项目	现金资助海外专升本优秀毕业生
		现金资助国内专升本优秀毕业生
	"创业筑梦"创业基金项目	资金支持创业创新创意项目,帮助孵化项目和实现创意产品
全人发展"5+1"计划	青年马克思主义培养工程	通过课堂活动、模拟游戏、角色扮演、小组项目等,加强学生团队合作精神和社会责任感,提升学生的创新思维及解决问题的能力
	朋辈辅导计划	对入学的新生开展结对辅导,营造浓郁的互助成长氛围
	社区服务计划	以专业实践、支教活动、慰问援助、公益服务等形式,服务周边社区
全人发展"5+1"计划	职业辅导	通过竞赛、课程辅导、专业讲座等形式提高专业技能,增强学生的创新创业能力
	首选毕业生培训计划	通过职业技能培训和顶岗实习帮助学生提升职业素质,提高就业竞争力
	英语提升计划	组织各类英语比赛和活动,营造良好的英语学习氛围
承办中美文化交流项目	"十万人"留学中国计划	担任"学生大使"工作,与美国学生共同参加艺术交流、社区服务、文化之旅等活动

(六)社团化育人

社团化育人即以社团为平台,使学生在社团的各色活动中收获专业知识、团队关怀和实践经验,践行全人教育的理念。杭州万向职业技术学院从社团的主题设置、活动推广、社会合作等方面积极引导,按照全人教育的要求从顶层设计到管理推进不断探索,形成了有学系特色的社团组织模式设置,注重学生社团建设职业化、学生社团活动社会化、学生社团发展品牌化,不断规范学生的行为养成,提高学院职业教育人才素养,以技能型、文化型、创新型整合社团主题,达成了全面出彩的良好效果(见表4-3)。

表4-3 杭州万向职业技术学院社团组织设置

所属部门	社团名称	分部	类型
智能技术系	武术社	武术社	技能型
	晨星艺术社	话剧部、谦雅部	文化型
	多媒体社	摄影社、动漫社	创新型
	小球社	乒乓球部、羽毛球部、网球部、排球部	技能型
	轮滑社	轮滑社	技能型
	创新智造协会	创新智造协会	创新型
康养旅游系	新六艺	书画社、茶艺社、烘焙社、插花社、越剧社、香艺社	创新型
	万有音力社	万有音力社	文化型
	舞蹈社	炎怡舞蹈部、街舞部、礼仪社	文化型
设计创意系	文广社	文广社	文化型
	国学社	国学社、文苑读书社	文化型
	演辩社	演讲部、辩论部	技能型
	古都文化传习社	古都文化传习社	文化型
	诗与远方思政社团	诗与远方思政社团	文化型
	华服社团	华服社团	技能型
	工业设计协会	工业设计协会	创新型
数字经济系	紫轩棋社	紫轩棋社	文化型
	英语协会	英语协会	技能型
	健身社	健身社	技能型
	瑜伽社	瑜伽部、操舞部	技能型
	大球社	足球部、篮球部	技能型

所属部门	社团名称	分部	类型
团委	心理健康协会	心理健康协会	文化型
	青年志愿者协会	青年志愿者协会	技能型
	红十字爱心社	红十字爱心社、青春同伴社	创新型

(七)活动化育人

活动化育人即通过举办或参与丰富多彩的主题活动,有针对性地按照全人教育的要求和学院的特色资源,把立德树人的要求融入日常的各色活动中,旨在培养学生全面发展,不仅在专业学习上提升学生的专业技能,更在课外素质拓展中提升学生的社会活动能力。杭州万向职业技术学院主要依托全人发展"5+1"计划、万向教育基金"梦系列"、"十万人"留学中国计划、大型思政类活动"传承与守望"、"行走的第二课堂"、学生志愿服务活动等内容,全面开展活动化育人。同时,学院将培养学生的课外素质能力融入专业培养领域中。比如:食品专业的学生深入社区、学校、敬老院等,提供健康营养的多种实践;服装专业的学生参与"心"衣计划之留杭环卫工人送温暖项目。

(八)社会化育人

社会化育人指的是让学生参加社会实践活动、履行社会角色任务、承担社会角色责任的一系列育人活动。在这个过程中,学生逐渐从技能、心理、社会关系等方面完成完整意义上的社会人的转变。杭州万向职业技术学院主要通过第三课堂的社会志愿服务来实现,在多种多样的活动中提高学生的实践能力,促进合作互助意识的养成,提升社会责任感。自2008年以来,学院累计参与各项社会服务活动的学生1万余人,其中绿色食品生产技术、环境监测技术等专业依托专业背景开展的"爱心课堂"志愿服务活动,城市轨道交通运营管理专业的火车站暖冬行动,智能技术系对杭州市第一福利院每周一次的义教活动,都已经形成了具有一定社会影响力的品牌。

二、活动载体

以"三全五化"为路径,杭州万向职业技术学院在具体实践过程中根据实际情况总结摸索出了一系列具备量化标准的操作落地条款,把全人教育的模式转变为可实际执行并考核反馈的模型。

（一）课程载体

以课程为主抓手,始终不渝地把全人教育理念融入日常的课程之中。

一是构建课程体系。认真规划课程设置和课程内容,将中华传统文化、中国国情、国际现况、沟通与领导能力、独立批判性思维能力等人文素质课程纳入选修课课程体系,学生任选课的学分占总学分的 15%—20%。

二是注意思政元素引领。除了在日常课程中注意引入思政元素和道德思想熏陶的内容,学院还重点落实习近平新时代中国特色社会主义思想进教材、进课堂、进头脑,把习近平新时代中国特色社会主义思想作为讲授重点,落实意识形态责任制,推进"青春不慌张,思政来导航"等思政课教学改革,建设 5 门思政课程示范课堂,师生对课堂获得感强、满意度高。

三是"三创"教育显特色。学院在人才培养方案通识课程中设置"三创"教育课程模块,开设"批判思维与创意思考""决策与冒险""就业与创业指导""创业实务""创新解决方案""创客"等相关课程,大力弘扬以鲁冠球为代表的企业家精神和大国工匠精神,使学生熟悉、了解进而形成学习的榜样。

四是情感价值立目标。在课程效果的确立和评价系统中,学院除了关注知识层面和技能层面的习得,还把情感态度和价值观的培养纳入目标体系,如团队合作、批判性思维、抗挫折能力、创新精神、诚实守信品质等,并在课程的评价指标中规定了测量项目与权重。

(二)成绩学分载体

学院为鼓励学生积极参加全人发展及素质拓展活动、创业创新实践、专业技能培训、职业能力竞赛、文体艺术比赛和学术活动,鼓励学生积极加入党团组织、学生社团,创先争优。对学生参加上述活动、获得各类奖学金或荣誉称号的,分类记入"学生全人发展成绩记载卡",存入学生个人档案。学生参加素质拓展活动可获得全人发展附加学分。在校学生每学期必须获得 3 个以上全人发展附加学分,附加学分经折算可存入学分银行。

第一,内容门类。"学生全人发展成绩记载卡"采用分类记载的方式,将学生以下 4 个方面成绩纳入记载范围,综合反映学生在校期间"全人发展"的实施情况。一是品德发展与公民素养类,如参加志愿者公益活动等。二是创业创新与实践能力类,如创造发明、获得专项技能证书等。三是身心健康与艺术素养类,如参加体育文艺活动等。四是个人荣誉称号类,如担任社团职务、获得各类评奖评优等。

第二,附加学分。学院根据《杭州万向职业技术学院学分制管理办法》第二章的规定确认一定的全人发展附加学分,附加学分经折算后可计入学分银行。每个内容门类的各个项目,都有比较翔实明确的规定,比如相关的名次、称号、证明材料等。每名学生的附加学分最多不超过 8.0 分。附加学分转换由学生处和团委负责认定、教务处审核,并由教务处载入学生学分银行。

总体来说,一定的荣誉和学分奖励是提高学生参与度的重要手段之一。除了"学生全人发展成绩记载卡",杭州万向职业技术学院也精心规划了"3＋N"达人成长计划、"1＋X"证书奖励办法等,用专业考核与荣誉加持双重方法助推学生成长。

(三)思想弘化载体

在领会新时期社会主义建设对高职教育具体要求的基础上,杭州万向职业技术学院根据自身条件,基于贯彻党的教育方针的基本理念,把日常工作与主体精神结合起来,有所侧重地制定弘扬并践行相关政策精神的实施办法,提出在校内可供落地的举措和保障,比较有针对性地提升学生在某些领域的素质和能力,比如学院颁布的《杭州万向职业技术学院新劳动教育实施办法》《杭州万向职业技术学院新工匠教育实施办法》等。

一是精研举措,通过课堂教学、社会实践、企业合作等方式提升学生的相关责任意识和能力素质。新劳动教育的培养尤其注重融入专业建设,比如开设劳动教育必修课,每年劳动精神、劳模精神、工匠精神的专题教育不少于 16 学时。每学年设立 1 个集体劳动周,鼓励各专业与企业、社区自主开发劳动教育校本课程等。新工匠教育比较注重校企合作,设立了学徒制、订单班,规定管培生的培养比例不低于学生总数的 20%,每个专业群不少于 1 个产业学院或产业联盟,每个专业不少于 7 家紧密型共建实训基地。

二是保障措施,通过校园文化的宣传引导把优秀的文化融入日常生活。比如组织各类主题活动,邀请领域的先进人物进入校园宣讲等。同时尽可能地把相关实践活动纳入考核评价体系,比如劳动教育中设定劳动教育学分,记入"学生全人发展成绩记载卡",作为评优评奖的参考材料。

第五节　实践典范:高职院校全人发展之评价

杭州万向职业技术学院早在 2008 年就开始全人发展"5+1"项目化育人实践。2021 年,学院实施"3+N"达人计划,明确提出了"七彩核心素养"全人教育体系概念,逐步形成了以"全"为内核,促进全面发展,突出德技并修,以"人"为中心,促进个性健全,注重高职学生快乐学习、自信心培树的教育方法论体系。近年来,学院勇于改革传统评价方式,打破"唯学业论、唯成绩论、唯就业率论"的思想桎梏,以全人教育为纲,七彩素养为核,力求促进学生全面发展。学院通过创立评价新机制、构筑评价新体系、塑造评价新指数,成功构建了一套富有特色的学生全人发展指数,促进学生在健康成长、七彩核心素养、"3＋N"达人计划等全方位提升,努力构建学业与职业发展相衔接的长效机制。

习近平总书记早在 2014 年就指示,加快发展职业教育,让每个人都有人生出彩的机会。在这个视角下,全人教育成为实现高职学生出彩人生的基础。杭州万向职业技术学院将全人教育理念与太阳光的可见光谱进行类比,提出了"七彩核心素养"的育人目标。近年来,学院在构建基于"七彩核心素养"的学生全人发展评价体系方面取得了显著进展,实效性已得到广泛认可。

一、围绕顶层设计,创立评价新机制

在学院党政领导推动下,全院上下形成了共同参与、协同推进的全人教育工作格局,进一步提升了育人质量。2021—2024 年,学校研究出台了一系列全人教育评价制度。①以德定方向,构筑思政育人新高地。出台《学习贯彻习近平新时代中国特色社会主义思想主题教育的工作方案》《杭州万向职业技术学院全面推进课程思政建设实施方案》《关于加强和改进新时代高校思想政治工作的实施方案》等系列文件。②以智增才干,塑造教育教学新典范。出台《杭州万向职业技术学院课堂革命 2.0 版实施办法》《杭州万向职业技术学院"美好课堂"评选办法》《专业(群)建设质量考核办法及专业建设质量绩效标准》。③以体健强身,探索以体励志新路径。出台《杭州万向职业技术学院体育达人评选办法》,组织福堤漫步、长跑、体质指数达标三大体育行动。④以美塑灵魂,营造向美尚艺新风尚。出台《杭州万向职业技术学院关于全面加强和改进新时代美育工作的实施方案》。⑤以劳助梦想,塑造多元发展新图景。出台《杭州万向职业技术学院新劳动教育实施办法》《杭州万向职业技术学院新工匠教育实施办法》。⑥以心稳航程,构筑心理健康新防线。制定实施《关于加强并改进心理健康工作推进心理健康教育标准化、专业化、精准化的方案》《大学生心理危机干预与自杀干预实施方案》，开展实现"三大转变"实践，增强自信心，提升精气神。

二、围绕核心素养，构筑评价新体系

第一，明确评价项目。学院实施"项目化推进、课程化落实、模式化构建"的全人教育实践，以青年领袖、朋辈辅导和职业辅导等"5＋1"计划夯实基础，以"万里追梦"国际交流、"寻梦中国"人文提升等"4个梦"系列项目提升沟通和创业能力，以"达人计划"激发兴趣特长。对课程进行市场化、现代化、国际化和数字化改造，挖掘思政、外语、应用和校本元素，形成由核心能力与素养、文艺哲学、科技环境、社会服务、体育健康、创业创新6个模块组成的全人教育课程体系，共设17门必修课、50门选修课。以"三全育人"发力，融合化、项目化、社团化、活动化、社会化"五化"并举，实现既定全人教育目标。

第二，挖掘评价内涵。学院锚定全人教育的育人方向，着力谋划，在结合人才培养方案的基础上，探索全人教育方略，挖掘"七彩核心素养"的全人教育内涵，即培养有政治觉悟、创业能力、自律作风、和合素养、工匠精神、学习方法、国际视野的"全人"（见图4-2）。红色代表热情、喜庆，有"听党话、跟党走"的政治觉悟；橙色代表活力、时尚，有"懂创造、敢创新"的创业能力；黄色代表尊贵、优雅，有"尊规则、守信用"的自律作风；绿色代表希望、清新，有"重健康、讲共处"的和合素养；青色代表古朴、坚强，有"会劳动、求精进"的工匠精神；蓝色代表智慧、冷静，有"启心灵、善跨界"的学习方法；紫色代表神秘、浪漫，有"多维度、利长远"的国际视野。

第三，厘清评价要素。学院精心遴选出健康成长、七彩核心、达人计划、社会认可4个板块，14个分支指标，数十个细节指标。借此条分缕析地反映学生发展的整体现状和未来趋势，并根据客观情况和发展视角随时做动态调整和补充。从全人的角度出发，初步拟定这些要素的具体评价方式。

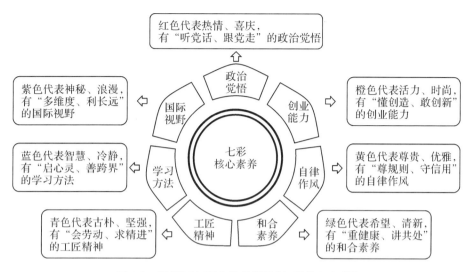

图 4-2　杭州万向职业技术学院"七彩核心素养"

三、围绕全人发展，塑造评价新指数

经过多年实践，学院创新性地设立了全人发展指数（Students' Holistic Development Index，SHDI），整合了之前零散的评价标准，形成了一个全面、客观且可量化的集成化评价系统。运用专业化和数智化的评估手段，科学评价高职大学生全人发展状况和大学生受全人教育影响提升增值的成果，以指数的形式表现大学生在多维度上发展变化的相对数。

（一）注重评价集成：从孤立指标评价到综合指数评估

改革原有的素质学分登记、品德操行记分大学生评价模式，从孤立指标评价升级到综合指数评估。自 2022 年开始，学院启动了全人发展指数评价体系的革新，整合了之前零散的评价标准，形成了一个全面、客观且可量化的集成化评价系统。综合指数由 3 个一级指数和 1 个社会认可附加分组成，具体如表 4-4 所示。

表 4-4　全人发展指数评价体系

一级指数	二级指数	三级指数	观测点
健康成长指数（HDI）	学习适应性	学习态度	主动认真学习，参加校内专升本培训（校外无法核实），按时作业
		学习成绩	学年平均学分绩点×4 或课程加权平均分（满分100）/5；不及格计－2分/门
		学习进退	第一学期基本分按学习成绩/2 计分；第二学期起按成绩排名每进退 5 名次计±2分，上限±10分
	生活适应性	生活态度	作息规律、饮食有序、衣冠端正、适度消费、讲究卫生、喜爱读书、不沉迷游戏
		生活习惯	无星寝室 6 分，百好寝室 7.5 分；千好以上寝室 9—10分；使用大功率电器及其他严重寝室违规计 0 分
	管理适应性	遵纪守法	遵守校规校纪，遵守防疫要求
		出勤守时	早晚自习及平时上课出勤情况；夜不归宿等计 0 分
		尊重包容	阳光大气有礼貌、和谐爱校有教养；无端越级投诉报警、恶意任性网络吐槽计 0 分
核心素养指数（KDI）	政治觉悟	党团学习	参加党团学习、主题班会 3 分/次，合计≤15 分；团校结业 15 分，青年领导力 15 分，党校结业 20 分
		志愿服务	志愿服务 3 分/小时，合计≤15 分；无偿献血 15 分/次；立德万向支教团 20 分
	创业能力	"三创"大赛	校级获奖 20—30 分，市级 30—40 分，省级以上以附加分计分，按学年统计
		创业实践	创业达人班 15 分；自主创业 20—40 分，按学年统计，可按 5 万—10 万元 20 分、≤30 万元 30 分、≤60 万元 40 分
	自律作风	五不规范	吸烟－20 分（按学期赋分）；酗酒－20 分/次；染异色发－20 分/次
	和合素养	体育达标	阳光长跑达标计 10 分，体育达标计 20 分，按学年统计
		第二课堂	第二课堂校级获奖 10—20 分，市级 20—30 分，省级30—40 分，国家级以上以附加分计分，按学年统计
		学生服务	班干部 15—20 分；系干部 20—25 分；院干部 25—30 分
	工匠精神	技能竞赛	校级获奖 15—20 分，市级 20—30 分，省级以上以附加分计分，按学年统计
	学习方法	"1＋X"证书	"1＋X"证书 20 分，技能证书 20 分，按学年统计

一级指数	二级指数	三级指数	观测点
核心素养指数（KDI）	国际视野	英语等级	B 级计 10 分,A 级计 20 分,四级计 30 分,六级计 40 分,按学年统计
		对外交流	参加外事交流 3 分/次,合计≤15 分,十万强大使 20 分,立言万向海外团 20 分,按学年统计
达人计划指数（EDI）	3 项达人	劳动达人	参加劳动实践活动 10 分/次,合计≤50 分;系劳动达人 50 分;院劳动达人 70 分
		技能达人	参加技能实践活动 10 分/次,合计≤50 分;系技能达人 50 分;院技能达人 70 分
		创造达人	参加创造实践活动 10 分/次,合计≤50 分;系创造达人 50 分;院创造达人 70 分
	N 项达人	N 项达人	参加英语、体育、音乐、舞蹈、美术等社团活动 3 分/次,合计≤30 分;系达人 30 分;院达人 50 分
社会认可附加分	奖惩加减	奖励加分	荣誉称号:校级二、三等奖学金 10 分;三好、优干、一等奖学金等 15 分;市局级 20 分;省级 30 分;国家级 40 分
		处分减分	通报批评－3 分/次;警告处分－10 分;严重警告－15 分;纪过－20 分;留校察看－30 分
	社会影响	美誉加分	市级新闻报道 15 分;省级新闻报道 20 分;国家级新闻报道 30 分;其他感谢信、表扬信等 10 分

健康成长指数(HDI):主要评估高职大学生在与外部环境互动中的学习态度、价值观念和情感融入,深刻反映学生的价值观和人际关系的成长状态。包括学习适应性、生活适应性、管理适应性 3 个方面。

核心素养指数(KDI):涵盖了"七彩核心素养",全面评价学生专业知识和通识知识的掌握程度,以及他们在书面与口头表达、写作、分析和解决问题等方面的专业技能和可迁移能力。包括政治觉悟、创业能力、自律作风、和合素养、工匠精神、学习方法、国际视野 7 个方面。

达人计划指数(EDI):体现了学院独特的育人理念,即以匠人为底蕴、达人为方向,着重培育劳动达人、技能达人、创造达人,并鼓励学生在英语、信息、智能、文艺、体育等领域展现特长。

(二)注重数据驱动：从静态片面评估到动态全景监测

全人发展指数充分利用大数据技术的优势,构建了一个高效、智能的学生发展数据平台,实现对大学生全人发展的全面监测与深入分析。通过实时采集、存储和分析学生在学习、生活、实践等各方面的数据信息,不仅能够横向比较不同班级、不同专业大学生的全人发展指数水平,还能纵向追踪并分析大学生全人发展指数的变化规律,从而形成反映学生在各个维度的发展情况的评价报告,反馈给学生、教师和学校管理层,为学生提供个性化的发展建议。

四、围绕多方共赢,取得新成果

一是学生满意度持续攀升。近 3 年,杭州万向职业技术学院的毕业生就业率平均高达 98.66%,学生创业率平均为 5.20%。学生评教分数持续上升,近几年学生的满意度均在 95%以上。学院连续 4 年毕业生的就业率、就业质量、职位胜任度及创业前景、对母校满意度、用人单位满意度 5 个维度的综合评价在浙江省民办高职院校中排名第一。

二是学校办学质量逐年提升。学院先后获"浙江省高水平专业群"建设立项,国家精品在线课程 2 门,省高校重点建设教材 10 部,浙江省高等教育教学成果奖一等奖 2 项。荣获教育部"1＋X"评价组织"创新示范院校""优秀教学院校""杭州职业技术教育十佳学校""浙江省民办教育协会教改创优优秀学校"等荣誉,并成为浙江省首个智能财税"书证融通"试点学校。大数据与会计、环境监测技术、工业设计等专业获"全国优秀教学团队奖""全国优秀试点院校奖""带头模范院校奖""优秀教学院校奖"等荣誉。

三是全人教育研究成果丰硕。由学院主编的《全人教育——校本实践与研究》由浙江教育出版社出版。"基于'七彩核心素养'的职业院校学生全人发展指数评价体系构建"获浙江省深化新时代教育评价改革单项试点项目；"基于全人发展高职课程体系构建和育人模式实践研究"以"优秀"通过省教育厅结题；"基于全人教育的高职学生自信心培养模型构建"被中华职业教育总社立项为重点课题。在全国高职院校党委书记嘉兴南湖峰会上，学院做了全人教育实践经验介绍。

第五章

秉持人本性：守护心理健康新愿景

党的二十大报告提出，要推进健康中国建设。人民健康是民族昌盛和国家强盛的重要标志，要把保障人民健康放在优先发展的战略位置，完善人民健康促进政策。

职业教育具有服务经济社会发展、促进教育公平和社会正义、实现共同富裕等功能，在民族复兴和强国建设中具有不可替代的作用。党的十八大以来，我国着力构建现代职业教育体系，展示"职业教育前途广阔、大有可为"的愿景，彰显中国特色职业教育的类型特征。新修订的《中华人民共和国职业教育法》明确职业学校是涵盖中等职业学校和专科、本科及以上教育层次的高等职业学校组成的体系。根据《2023中国职业教育质量年度报告》的数据，全国高职招生规模已连续4年超过普通本科，这既是职业教育蓬勃发展的重要表征，也为我们关注职业教育高质量发展提供议题。在中国式现代化新进程中，实现职业教育的高质量发展，增强职业教育的适应性和吸引力，促进职业学校学生身心健康和全面发展，迫切需要加强和改进职业学校的心理教育。

第一节　政策回望:顶层设计的历史演进

　　我国针对大学生群体的心理健康教育在 20 世纪 80 年代中期政策法规的语境中就开始有涉猎(见表 5-1)。1985 年 8 月发布的《中共中央关于改革学校思想品德和政治理论课程教学的通知》,明确指出了教育教学工作应当与青少年在思想、知识和心理发展上的特点紧密相连,引导学生逐渐形成正确的人生观和世界观。从此,心理教育的重要性日益凸显,并被纳入教育改革的议程中。此后近 40 年里,国家根据不同时代需求发布了一系列的文件、规划和标准,极大地促进了心理健康教育的发展。1994年,《中共中央关于进一步加强和改进学校德育工作的若干意见》中首次正式使用了"心理健康教育"这个概念。进入 21 世纪,教育部在 2001 年特别针对大学生的心理健康教育发布了专门的指导意见,这标志着高校在心理健康教育方面的工作开始进入一个高速发展的新阶段。到了 2023 年,教育部等 17 个部门联合发布的"专项行动计划",更是凸显了在新时代背景下国家对心理健康工作的重视程度,展现了为党和国家培养人才的坚定决心。

表 5-1　心理健康教育政策部分文件

序号	文件名称	公布时间/年	发布单位	核心内容关键词
1	中共中央关于改革学校思想品德和政治理论课程教学的通知	1985	中共中央	思想品德和政治理论课;内容要求;教材
2	关于高等学校思想教育课程建设的意见	1987	国家教委	思想教育课程的设置;教学目的;要求
3	关于高等师范院校本科政治与思想品德教育专业改革的意见	1991	国家教委	培养目标;课程设置;教学内容;师资队伍;教材编撰

续　表

序号	文件名称	公布时间/年	发布单位	核心内容关键词
4	中共中央关于进一步加强和改进学校德育工作的若干意见	1994	中共中央	德育工作的重要性；基础和便利条件；教学内容和方法的改革
5	关于高校马克思主义理论课和思想品德课教学改革的若干意见	1995	国家教委	两课的意义；原则；中心内容
6	中国普通高等学校德育大纲（试行）	1995	国家教委	德育目标；德育内容；德育原则；德育途径；德育考评；德育实施
7	国家教育委员会关于成立国家教委普通高等学校马克思主义理论课和思想品德课教学指导委员会的通知	1997	国家教委	宏观管理；章程；任职条件
8	教育部办公厅关于加强普通高等学校马克思主义理论课和思想品德课（公共课）教材建设及管理问题的通知	1998	教育部办公厅	教材编写及使用
9	中共中央　国务院关于深化教育改革全面推进素质教育的决定	1999	中共中央、国务院	素质教育；德育工作；人才培养模式
10	教育部关于加强普通高等学校大学生心理健康教育工作的意见	2001	教育部	心理健康教育；主要任务和内容
11	教育部办公厅关于进一步加强高校学生管理工作和心理健康教育工作的通知	2003	教育部	高度重视；强化意识；具体措施
12	教育部社政司关于印发《普通高等学校"两课"教学基本要求》的通知	2003	教育部社政司	十六大精神；全面修订
13	中共中央　国务院关于进一步加强和改进未成年人思想道德建设的若干意见	2004	中共中央、国务院	指导思想；基本原则和主要任务；社会氛围；成长环境
14	教育部　卫生部　共青团中央关于进一步加强和改进大学生心理健康教育的意见	2005	教育部等	介绍普及心理健康知识；传授心理调适方法

序号	文件名称	公布时间/年	发布单位	核心内容关键词
15	教育部办公厅关于成立普通高等学校学生心理健康教育专家指导委员会的通知	2005	教育部办公厅	主要任务;研究建议指导
16	教育部关于在部分职业院校开展半工半读试点工作的通知	2006	教育部	实现形式;管理制度;合作机制
17	普通高等学校辅导员队伍建设规定	2007	教育部	育人为本;德育为先
18	全国精神卫生工作体系发展指导纲要(2008年—2015年)	2008	卫生部等	工作目标;工作体系
19	教育部 中宣部 中央文明办 人力资源社会保障部 共青团中央 全国妇联关于加强和改进中等职业学校学生思想道德教育的意见	2009	教育部等	职业理想;职业道德;职业纪律;安全生产
20	教育部办公厅关于加强普通高等学校学生就业思想政治教育的通知	2009	教育部办公厅	主题教育;使命感;自豪感
21	教育部关于印发《中等职业学校管理规程》的通知	2010	教育部	职业道德教育;职业知识教育;职业技能训练
22	中共中央关于深化文化体制改革 推动社会主义文化大发展大繁荣若干重大问题的决定	2011	中共中央	满足人民精神需求;丰富人民精神世界;增强人民精神力量
23	教育部办公厅关于印发《普通高等学校学生心理健康教育课程教学基本要求》的通知	2011	教育部办公厅	心理健康知识;自我认知能力;人际沟通能力;自我调节能力
24	教育部办公厅关于印发《普通高等学校学生心理健康教育工作基本建设标准(试行)》的通知	2011	教育部办公厅	建立考核、奖惩机制;制订年度工作计划
25	教育部办公厅关于印发《中等职业学校德育课贯彻党的十八大精神教学指导纲要》的通知	2013	教育部办公厅	悦纳自我;健康成长
26	教育部办公厅关于进一步加强职业院校关心下一代工作委员会建设的若干意见	2013	教育部办公厅	民族精神和时代精神;审美情趣;心理健康教育;健全人格

序号	文件名称	公布时间/年	发布单位	核心内容关键词
27	教育部关于印发《中等职业学校德育大纲（2014年修订）》的通知	2014	教育部	爱党爱国；拥有梦想；遵纪守法；良好道德品质
28	中共中央宣传部　中共教育部党组关于加强和改进高校宣传思想工作队伍建设的意见	2015	教育部	整体素质；网宣能力；实践锻炼；评价机制
29	教育部办公厅关于进一步做好高校毕业生就业创业工作的通知	2016	教育部	人生价值；爱岗敬业；艰苦创业
30	教育部关于印发《普通高等学校健康教育指导纲要》的通知	2017	教育部	自我心理调适与技能；积极情绪；良好人际关系
31	普通高等学校辅导员队伍建设规定	2017	教育部	排查和疏导；心理健康知识普及；网络思想政治教育
32	中共教育部党组关于印发《高等学校学生心理健康教育指导纲要》的通知	2018	中共教育部党组	知识教育；咨询服务；预防干预
33	关于印发健康中国行动——儿童青少年心理健康行动方案（2019—2022年）的通知	2019	国家卫生健康委等	促进行动；关爱行动；能力提升行动；体系完善行动
34	教育部关于职业院校专业人才培养方案制订与实施工作的指导意见	2019	教育部	思政课程＋课程思政；三全育人
35	教育部等八部门关于加快构建高校思想政治工作体系的意见	2020	教育部等	预警预防；咨询服务；干预转介
36	教育部办公厅关于印发《中等职业学校学生资助工作指南》的通知	2020	教育部办公厅	心理健康讲座及心理咨询与疏导
37	教育部办公厅关于加强学生心理健康管理工作的通知	2021	教育部办公厅	源头管理；过程管理；结果管理；保障管理
38	教育部等十七部门关于印发《全面加强和改进新时代学生心理健康工作专项行动计划（2023—2025年）》的通知	2023	教育部等	心理健康监测；心理预警干预；心理人才队伍；心理健康科研；社会心理服务

序号	文件名称	公布时间/年	发布单位	核心内容关键词
39	教育部办公厅关于成立全国学生心理健康工作咨询委员会的通知	2023	教育部办公厅	实践调查;科学研究;服务发展;决策参考
40	教育部办公厅关于开展 2023 年职业院校"技能成才　强国有我"系列教育活动的通知	2023	教育部办公厅	未来工匠;传统文化;文明风采

总体而言,我国对学生特别是大学生的心理健康的顶层设计经历了萌芽初创、体系构建、深化完善 3 个阶段,基本上与我国对社会大众心理健康状态的认知和进步处于同一节奏。其特点在理念上从德育心育之辨走向多元共振,主次有所侧重。在实践上由教育部门担纲到多部门联动,在结构上针对性也逐步变强。针对职业学校学生心理教育的特殊性,目前在学术界虽有所讨论,但是在具体的宏观层面尚未完备。因此,我们以针对大学生群体的顶层设计作为主要研究素材进行统计。我们以全面性、完整性和代表性为原则,以"大学生心理健康""思想品德""青少年心理健康"等为搜索关键词,在中共中央办公厅官网、国务院办公厅官网、教育部官网和北大法宝数据库中进行了深入检索。经过筛选,我们选取了 1985—2023 年间颁布的 40 份关于高校心理健康教育的政策文件进行深入分析。以下是对这一系列政策文件的顶层设计和规划的分析概述。

一、"二元化"之辨:心理健康教育萌芽初创期(1985—2000 年)

自 20 世纪 80 年代中期起,我国教育领域开始重视心理健康教育,并将其纳入重要议程。1987 年 2 月,浙江大学率先在全国开设了大学生心理卫生课程,这标志着心理健康教育正式进入课堂教学阶段。[①] 受到当时

---

① 俞国良,陈雨濛.四十年来我国高校心理健康教育政策分析:定性与定量的视角[J].复旦教育论坛,2022(4):80-87.

历史认知层次的局限,学生的心理健康教育展现出以下 2 个特点。一是"心育"包含于"德育"之中。比如 1987 年《关于高等学校思想教育课程建设的意见》强调的思想教育内容,如明确学习目的、态度,处理好个人与集体、社会的关系等,都隐含了对学生心理素质和心理健康的关注与引导,将"心育"的实质内容纳入"德育"的范畴中。1994 年发布的《中共中央关于进一步加强和改进学校德育工作的若干意见》,明确使用了"心理健康教育"这一概念①,并提出通过多种方式对不同年龄层次的学生进行心理健康教育和指导,帮助学生提高心理素质,健全人格,增强承受挫折、适应环境的能力。同时,文件强调,在新形势下,学校德育工作需要研究如何指导学生在观念、知识、能力、心理素质方面尽快适应新的要求。1995 年,国家教委颁布《中国普通高等学校德育大纲(试行)》,明确将心理健康教育纳入德育的组成部分。② 二是从教育领域上升到政府关注层面。这一转变的显著特点是,政府通过发布权威文件、设定清晰的教育目标、制定针对性的政策,着眼于学生的全面发展。1999 年颁布的《中共中央 国务院关于深化教育改革全面推进素质教育的决定》,不仅在政府层面明确了学生的健康成长是素质教育的重要目标,还特别强调了加强心理健康教育的重要性,以及提升学生适应社会生活的必要性。

二、"体系化"之设:心理健康教育体系构建期(2001—2010 年)

这一阶段,对青少年的心理教育要求逐渐提高,开始了日常化、体系化、专门化的探索。一是国家层面对心理健康教育正式定位。相关提法越来越多地出现在中央层面的政策文件中。2001 年 3 月 15 日,第九届全国人民代表大会第四次会议批准通过了《中华人民共和国国民经济和社会发

---

① 李国强,高芳红.我国学校心理健康教育政策的演进与展望[J].湖南人文科技学院学报,2013(2):76-82.

② 齐桂林.高校思想政治教育与心理健康教育协同育人机制研究[J].辽宁经济职业技术学院·辽宁经济管理干部学院学报,2019(1):67-71.

展第十个五年计划纲要》，其中强调要加强青少年心理健康。这是我国第一次在五年规划中明确提出关注青少年心理健康，彰显了国家层面的深切关注。2004年，《中共中央国务院关于进一步加强和改进未成年人思想道德建设的若干意见》提出要加强心理健康教育，这不仅体现了国家层面对该领域的重视和正式定位，还为我们指明了具体的方向和目标。二是全面整合学生心理健康于国家精神卫生体系之中。2008年，中华人民共和国卫生部（今中华人民共和国国家卫生健康委员会）、教育部等17个部门共同颁布了《全国精神卫生工作体系发展指导纲要（2008年—2015年）》，这是依据《中共中央关于构建社会主义和谐社会若干重大问题的决定》和国务院办公厅转发《关于进一步加强精神卫生工作的指导意见》的精神而制定，旨在构建全国性的精神卫生工作体系。该指导纲要的推出对我国精神卫生工作及学校心理健康教育均具有里程碑意义。其中明确指出，学校应结合实施素质教育，将学生心理健康教育、预防学生心理和行为问题纳入学校日常工作计划。

三、"时代化"之步：心理健康教育深化完善期（2011年至今）

随着时代的发展和认知水平的提高，我国政策层面针对大学生心理健康教育的认识要求逐渐呈现出融合发展和细致入微的特点。一是心理健康教育理念与社会发展进一步融合。2011年，《中共中央关于深化文化体制改革　推动社会主义文化大发展大繁荣若干重大问题的决定》首次将"社会主义核心价值体系"与"心理健康教育"联系起来进行强调。[1] 到了2012年，党的十八大进一步强调了思想政治工作的重要性，特别指出应注重人文关怀和心理疏导，这一举措实质上将个体的心理健康提升到了国家民族发展振兴的高度。这一系列政策导向不仅凸显了国家对心理健康教育的日益重视，更体现了心理健康与国家发展的紧密联系。二是高校心理

---

① 马晓辉.近30年来我国儿童心理健康教育政策的发展分析[J].少年儿童研究，2019(10)：52.

健康教育模式的转变与实操细化。2018 年的《高等学校学生心理健康教育指导纲要》着重强调了构建一个集"教育教学、实践活动、咨询服务、预防干预'四位一体'"的心理健康教育工作格局,旨在推动从问题解决型模式向积极心理品质培养模式的转变。2021 年,《教育部办公厅关于加强学生心理健康管理工作的通知》则进一步细化了高校在心理健康管理方面的实操指南,对日常预警防控、心理咨询、辅导服务等方面提出了更为详尽的要求。例如,它规定辅导员和班主任需要每月全面走访学生宿舍,这样的细节性规定体现了与时俱进的管理理念和更加人性化的操作方法。

第二节　趋势洞察:研究脉络与热点前沿

在中国知网中,我们以"心理健康"和"大学生"为关键词,针对 CSSCI 期刊进行了主题搜索。为确保数据的学术性和准确性,我们进一步通过人工筛选,剔除了新闻报道、期刊文摘、专栏介绍、书评、动画作品等非学术性内容,并删除了重复文献,最终获得有效学术文献 1867 篇(截至 2024 年 3 月 28 日)。我们把这些文献数据导入 CiteSpace 软件中进行数据格式转换,并对关键词进行聚类图谱的构建与分析,以更精确地揭示职业学校心理教育的研究热点与趋势。通过分析得出词频≥5 次的高频关键词,这些高频关键词是职业技术教材研究领域应用最广的专业术语,是该领域学者共同关注研究的方向,具体如表 5-2 所示。

表 5-2　大学生心理健康关键词频次表

序号	词频/次	开始时间/年	关键词	序号	词频/次	开始时间/年	关键词	序号	词频/次	开始时间/年	关键词
1	895	1998	大学生	21	11	2019	心理育人	41	6	2008	和谐校园
2	530	1998	心理健康	22	11	2008	焦虑	42	6	1999	危机干预

续 表

序号	词频/次	开始时间/年	关键词	序号	词频/次	开始时间/年	关键词	序号	词频/次	开始时间/年	关键词
3	65	2004	高校管理	23	10	2008	团体辅导	43	6	2015	元分析
4	56	2000	对策	24	10	2013	心理资本	44	6	1998	培养
5	36	2004	心理问题	25	10	1999	少数民族	45	6	2003	压力
6	33	2008	社会支持	26	9	2000	心理	46	6	2003	人际关系
7	32	1999	心理素质	27	9	2006	途径	47	6	2005	影响因素
8	26	2008	应对方式	28	9	2013	心理韧性	48	6	2012	生命教育
9	26	2004	心理危机	29	8	2001	健康教育	49	6	2007	中介效应
10	26	2002	人格特征	30	8	2011	自尊心	50	5	2010	创新
11	22	1998	体育锻炼	31	7	2005	教育对策	51	5	2008	成因
12	21	1998	心理咨询	32	7	2005	现状	52	5	2003	学校体育
13	17	2002	教育	33	7	2004	心理教育	53	5	2004	素质教育
14	16	2010	阅读疗法	34	7	2009	人文关怀	54	5	2014	中介作用
15	15	2008	网络成瘾	35	7	2002	调查	55	5	2013	心理弹性
16	14	2004	女大学生	36	7	2006	模式构建	56	5	2003	体育教育
17	13	2000	健康	37	7	2006	和谐社会	57	5	2008	心理和谐
18	13	2008	抑郁	38	6	2003	精神卫生	58	5	2010	思考
19	12	2008	心理疏导	39	6	2004	身心健康				
20	12	2006	大学新生	40	6	2007	策略				

一、大学生心理健康研究趋势

我国大学生心理健康研究的历史进程可分为 3 个阶段(见图 5-1)。一是萌芽期(1998—2003 年)，此期间共有 126 篇论文，占整体的 6.75％。该阶段的研究相对较少，主要聚焦于大学生心理素质教育的讨论。二是繁荣期(2004—2018 年)，该时期发表的论文高达 1528 篇，占比达到 81.84％。这一阶段的研究角度显著多样化，不仅深入探索了心理健康的理论层面，还进行了大量的实践总结。这主要是因为《教育部 卫生部 共青团中央关于进一步加强和改进大学生心理健康教育的意见》等政策文件相继出台①,我国心理健康工作进入实质推动阶段,从贫困生群体、网络群体、大学新生群体、毕业生群体到女大学生群体的心理健康情况,均引起了学术界的广泛关注。三是饱和期(2019—2024 年),该时期共发表论文 213 篇,占总数的 11.41%。在这一阶段,研究趋于稳定,新的研究角度和方法有待进一步探索。

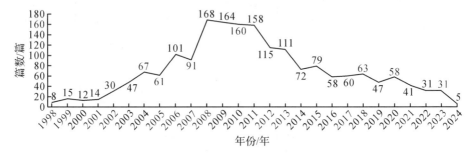

图 5-1　心理健康期刊论文的时间分布

二、大学生心理健康研究热点

(一)体育锻炼与心理健康关联性研究

在 2018 年 9 月召开的全国教育大会上,习近平总书记强调要树立健康第一的教育理念。这一理念为高等学校心理健康教育提供了新的视角和基石,体现了对健康教育的深刻认识和创新。1990 年,全国大学生心理咨询专业委员会正式成立,全国高校的心理咨询开始组织化发展,相关研究也相继起步。自 1998 年以来,"体育锻炼""学校体育""体育教育"等作为高频关键词在学术研究中频繁出现,特别是"体育锻炼"(词频 22),显示了其对学生身心健康和体能素质提升的显著作用。众多学者已从不同维度深入探讨了体育锻炼对心理健康的积极作用。杨剑等人提出,大学生积

① 黄启红.探究解决高校贫困生心理问题的有效途径[J].高教论坛,2007(4):68-70.

极的体育活动行为和态度对其人格健康至关重要。李焕玉的研究进一步细化了运动量对不同体型大学生情绪体验的影响。杨惠等人提出的系统性的体育舞蹈训练,能够使大学生采取积极的问题应对方式,进而促使大学生产生更积极的情绪体验。[①] 这些研究均有力地证明了体育锻炼与心理健康之间的紧密联系,不仅与"健康第一"的教育理念高度契合,而且为高校心理健康教育提供了有力的实证支撑。

(二)心理问题及其影响因素研究

职业院校学生的心理问题是一个多层次、多维度的研究领域,其复杂性和多元性吸引了众多学者的关注。通过系统地梳理和分析相关学术文献,我们发现影响职业院校学生心理健康的主要因素可归纳为 3 个方面。一是社会环境因素。在当下社会,学业和就业的双重"压力"(词频 6)、对未来职业道路的不确定性,以及对社会适应能力的"焦虑"(词频 11),都可能成为触发学生心理压力的外部因素。这些压力长期累积,可能导致学生出现焦虑、抑郁等心理健康问题。二是学校环境因素。"高校管理"(词频 65)、"教育对策"(词频 7)、"网络成瘾"(词频 15)、同学之间以及师生之间的"人际关系"(词频 6)等,都可能成为学生心理压力的源泉。这些因素不仅影响学生的学习效果,更可能对其心理健康产生深远的影响。三是个人因素。个体的"人格特征"(词频 26)、"心理韧性"(词频 9),以及应对压力的"策略"(词频 6)等,都会对学生的心理状态产生直接影响。内向或敏感的学生可能更容易感受到外界的压力而产生孤独感,而自我调节能力较弱的学生在面对挑战时可能更容易陷入消极的情绪状态。

(三)心理教育应对策略研究

随着社会对大学生心理素质的日益重视,心理教育领域涌现出众多创新对策。我们根据现有高频关键词,将相关对策研究归纳为 3 点。一是心

---

① 杨惠,车广伟,冯玉娟,等.体育舞蹈锻炼对大学生心理亚健康状态的影响:应对方式的中介效应[J].天津体育学院学报,2020(5):560-565.

理教育与素质教育的深度融合。众多学术研究表明，素质教育是心理教育中不可或缺的一环，二者相互促进，共同助力学生的全面发展。夏纪林曾指出，分类教育应涵盖基础知识、基本技能和专项素质教育，以满足学生全面成长的需求，并实质性提升大学生的心理素质。二是多元化心理干预方法的应用。在心理教育领域，越来越多的学者和实践者开始探索多元化的心理干预方法。特别值得关注的是，阅读疗法、心理疏导和团体辅导等方法正获得广泛的研究和实践。孙淑华等人的研究显示，实施阅读疗法可以有效地缓解或消除学生的就业焦虑。谢玉兰的研究则表明，通过团体辅导，学生在明确职业发展方向、自信心建立、人际交往技能等方面都能获得显著的改善。三是全方位社会支持与人文关怀的营造。社会支持和人文关怀在大学生心理教育中扮演着重要角色。陈淑丽等人的研究发现，将人文关怀融入大学生思想政治教育，不仅有助于培养学生积极、自信、平和的心态，还能显著提高大学生思想政治教育的实际效果。这进一步证明了社会支持和人文关怀在心理教育中的重要性。

第三节　困境揭示：隐形挑战与深度剖析

在职业教育领域，尽管我们已取得了一定的成就，但仍面临着诸多隐形挑战和深层次问题。特别是在学生心理健康、学校心理健康工作体系和教学角度方面，存在着一些亟待解决的困境。这些困境不仅影响了学生的全面发展，也制约了职业教育整体质量的提升。因此，本节将对这些困境进行深入剖析，以期找到破解之道。

一、学生维度：内在心理认知的全面性不足

虽然我们已经关注到了一些普遍性的学生心理健康问题，诸如抑郁、焦虑、双相情感障碍甚至自杀倾向等严峻问题，但对职业学校这一特殊学

生群体的心理问题、心理特征和个性心理等缺乏关注和研究。职业学校学生厌学普遍,需要解决学习兴趣、动力和方法问题;职业学校学生自信心不足,需要培养良好心情、和谐心态和积极心理;职业学校学生生活习惯较差,需要转变心智模式与生活方式。职业教育因其专业性,不同领域对学生心理素质的要求各有差异,这使得职业学校中的心理问题更具复杂性和重要性。

一是心灵荒漠:普遍的精神贫瘠现象。这一问题深层次地表现为学生内心的迷茫与空虚,其根本并非单纯源于知识技能的不足,而是源于内心对于充实与成长的深层次需求未得到满足。通过深入分析,我们发现造成这种现象的原因多元且复杂:在学业层面,由于学习成绩不尽如人意,学生往往对学习产生抵触情绪,这不仅限制了他们的知识累积,还削弱了其求知欲望;在家庭教育方面,过度的家庭约束往往抑制了学生的自主思考和个性发展;从社会环境角度来看,社会对职业院校的偏见,以及将其视为次等教育的错误观念,对学生的自我认同和自尊心造成了负面影响。

二是心境散漫:广泛的专注度缺失现象。在课堂上,此问题显得尤为突出,表现为上课玩手机、睡觉,以及偏好坐后排,这些都直接反映了学生在上课时的专注度严重不足。针对这一现象,我们剖析出 3 个主要原因。一是缺乏学习兴趣与动力。部分学生可能对所学专业或课程内容不感兴趣,或者认为所学知识与未来职业发展关系不大,因此在课堂上难以集中精力。二是自控能力不足。现代社交媒体和手机游戏等娱乐方式的诱惑,使得一些学生难以自控,容易在课堂上分心,从而影响学习专注度。三是教学方法与课堂管理问题。教学方法陈旧,课堂管理不严格,学生可能会因为教学内容枯燥或课堂纪律松散而失去学习的兴趣和专注力。

三是心态失衡:多发的自我否定现象。表现为自信心不足、过度焦虑、自我怀疑,以及对未来感到迷茫和悲观。这种心态失衡往往源于学生面临的学业压力、就业不确定性，以及对自身能力的错误评估。分析其原因，我们可以从以下几个方面进行考虑：首先，面对日益严峻的就业形势，职业院校的学生可能对未来就业前景感到担忧，这种压力导致他们容易产生自我怀疑和否定；其次，由于社会对职业院校的某些偏见，学生可能感受到来自外界的不认可和轻视，从而影响他们的自我价值感；最后，部分职业院校在心理健康教育方面的缺失，也使得学生在面对压力和挫折时缺乏有效的应对策略，进一步加剧了心态失衡和自我否定的问题。

二、学校维度：心理健康工作的体系性不全

心理健康工作具有专业性、系统性和机制性，需要学校、家庭、社会各界协同推进。在师资配置上，职业学校普遍缺乏具备专业资质的心理教师，兼职情况普遍，难以为学生提供专业化的心理辅导服务。职业学校学生的家长对孩子心理问题的关注大多也不如普通学校学生的家长，家校协同解决心理健康问题的难度较大。因此，需要尽快建立职业学校"闭环"心理健康工作格局。

一是师资匮乏：专业化的心理教师短缺。职业学校在心理教育领域面临的首要问题是专业化心理教师短缺。目前，许多学校未能配备具备专业心理咨询资质的教师，这导致心理教育的工作难以深入开展。现有的教师队伍中，兼职情况较为普遍，而这些教师往往缺乏系统的心理学知识和实践经验，难以为学生提供高质量的心理辅导服务。一方面是因为学校重视程度不足。学校管理层或教育政策制定者对心理健康和学生全面发展的理解不够深入，没有将心理教育视为教育的核心组成部分，导致心理教育在整体教育规划中被边缘化。另一方面是职业发展前景不明确。心理教师的职业发展路径不够明确，晋升机会有限，降低了心理教师职业的吸引力。

二是联动不足：深度的家校社合作乏力。主要体现在家庭、学校和社会之间缺乏有效的协同和配合。各自在心理教育方面的努力往往是孤立

的,没有形成合力,甚至在某些情况下存在相互抵消的现象。家庭、学校和社会之间的信息交流不畅,资源共享不充分,导致心理教育的效果大打折扣。首先,学校和家庭对孩子的心理教育需求存在认知上的差异,导致双方难以形成合力。其次,缺乏有效的家校合作平台和机制,使得双方即使有意合作也难以实施。最后,社会对心理教育的整体重视程度不够,影响了家校在心理教育方面的深度联动。

三是预防缺位:高质量的谈心谈话不足。目前在心理教育领域,预防性的谈心谈话活动存在严重的不足,尤其是高质量的、有针对性的对话更是稀缺。这种缺位不仅削弱了心理问题的预防效果,也导致一些小问题逐渐积累,最终演变为更严重的心理障碍。从表现上来看,高质量的谈心谈话不足,主要体现在教师和学生之间缺乏有效的、深入的交流。很多时候,这样的谈话要么被忽视,要么流于形式,没有真正触及学生的内心世界,也无法及时发现和解决学生潜在的心理问题。究其原因,主要有以下几点:教师可能缺乏专业的心理咨询和沟通技巧,难以进行有效的谈心谈话;学校的教育环境和氛围可能没有提供足够的支持和鼓励让师生之间进行深入交流;教师和学生之间的信任关系可能尚未建立,导致学生不愿意敞开心扉;繁重的教学任务和学业压力可能使得双方都没有足够的时间和精力投入高质量的谈心谈话中。

三、教学维度:重技能而轻核心素养

在新时代教育改革的广阔背景下,我国教育领域正遭遇前所未有的挑战。从深层次的课程体系构建,到具体的课堂教学实施,再到关键的学生发展性评价机制,这些教育环节本应相互衔接、相互支撑,共同推动学生核心素养的重点培育与全面发展。然而,现实中,这些环节出现了脱节、分离的现象,甚至有些重要元素缺失,这无疑严重阻碍了教育目标的达成和人才培养质量的提升。

一是课程体系与核心素养不匹配。2016 年 9 月,教育部发布了《中国学生发展核心素养》，强调以培养"全面发展的人"为核心，具体表现为人文底蕴、科学精神、学会学习、健康生活、责任担当、实践创新等 6 个方面的素养。课程体系作为教学过程的基石，为学生描绘了知识与能力的蓝图。理想的课程体系应具备系统性、前瞻性等特征，与全人教育理念相契合，与核心素养的培养目标相一致，有效促进了学生的全面发展。然而，当前的课程体系往往难以体现这些特征，直接影响了学生关键能力和必备品格的形成，也阻碍了教育目标的实现。2023 年的《教育部办公厅关于加快推进现代职业教育体系建设改革重点任务的通知》提出，课程设计应符合因材施教规律，以学生为中心，充分关注学生全面成长。因此，我们需要对现有课程体系进行深刻反思和调整，确保其能真正与学生的核心素养培养相结合。

二是课堂教学与自主学习分离。课堂教学作为教学过程的中心环节，承担着传授知识与培养能力的重要任务。尽管国家政策积极推动课堂教学的改革与创新，但实践中仍存在诸多问题。如教师单向传授、实践与互动环节缺失、评价标准僵化和单一、忽视学生个体差异和多元需求，以及反馈机制不完善等。这些问题直接阻碍了学生学习活动的积极参与、实践机会的获取和创新思维的培养，不利于激发学生的学习主动性，不利于他们综合实践素质的养成，进而在学业上无法助推学生习得新知识、新技能，以及提升专业水平的自信。

三是发展性评价体系尚待完善。在新时代教育改革的推动下，《深化新时代教育评价改革总体方案》为教育评价改革指明了方向，强调了过程评价、增值评价和综合评价的重要性，凸显了发展性评价在提升人才培养质量、促进学生全面发展和助力学生成长成才中的关键作用。目前，在实际操作中，发展性评价的应用仍面临诸多问题和挑战。首先，国家层面尚未建立一套统一且完善的学生发展性评价指标体系，导致各地在开展评价工作时缺乏科学性和规范性指导，容易出现评价内容片面、评价标准模糊等问题。这不仅影响了评价结果的准确性和公正性，也制约了评价工作对教育改革和学生发展的促进作用。其次,在高职院校中,学生发展性评价的研究和实践仍处于初级阶段。许多教师和教育工作者对发展性评价的理念和方法缺乏深入的了解和认识,导致在实际操作中难以有效运用。同时,由于高职院校的教育特点和培养目标与普通高校存在差异,因此需要在发展性评价中进行针对性的探索和创新。目前,实际操作中,仍有不少教师沿用传统的终结性评价方式,将学生的期末成绩作为唯一评价标准。这种评价方式过于注重结果而忽视过程,难以全面、客观地反映学生的成长历程和发展潜力。

第四节　未来路向:持续发展的策略布局

相对于普教生,职教生在心理教育方面由于成长压力、职业目标、教育资源等方面的差异,呈现出更多的特殊性。为了更加匹配"为促进经济社会持续发展和提高国家竞争力提供多层次高质量的技术技能人才支撑"的培养目标,摸索出一条符合职业教育特点和职教生心理特质的高质、高效、高能之路成为当务之急。

一、构造高质心理健康教育体系

(一)课程内容要"新"

一是课程内容创新。通过精心挑选适宜的教材,结合不同专业特点及动态社会热点,持续更新教育内容并创新教学模式,以替代传统的照本宣科方式。例如,针对新能源汽车技术专业的学生,结合新能源汽车的上市动态,深入分析其优缺点,全面涉猎汽车制造、营销及使用的多元素材,从而深化学生在产品制造、产业竞争、市场体验等多个领域的心理教育认知与培养。二是组织形式创新。通过组织富有创新性的课堂教学,如企业实地参观、社会服务及公益活动现场实践等,让学生直观体验心理状态的调整与疏导,并利用量化量表和主观访谈等手段,提升专业知识理解和自我教育的效果。

(二)师资队伍要"强"

师资队伍的建设是教育系统能否发挥效果的关键性因素之一。要打造一支高水平的职业院校心理健康教育教师队伍,应该从以下几方面入手。一是基础要广。应对全体教师进行系统的心理健康专业培训,提升其专业素养,使其不仅能在专业教学中及时发现学生的心理问题,还能进行及时干预和解决,从而构建全员参与、共同关注学生心理健康的良好氛围。二是梯度要开。通过融合专职与兼职教师资源,推动教师间的相互学习与交流。设立专门的心理健康教育部门,并根据学生人数合理配置专职与兼职教师,以确保心理健康教育的有效实施。三是知识要新。积极为教师提供学习和培训机会,定期组织外出交流,确保专兼职教师每年都能参与相关学术会议和培训。通过各种手段激励教师主动学习最新知识,形成长效机制。

(三)教育评价要"活"

在教育领域,教学效果的评估一直是关键环节。由于心理健康教育的成果具有长久性和隐秘性,我们不能仅依赖传统的分数来衡量其效果。因此,构建一个综合、全面且灵活的评估体系显得尤为重要。一是引入多维度评价体系,包括专业心理咨询师的定量测试、基础知识考试成绩、学生自我评价、辅导员评价、班主任评价、朋辈大使评价、家长评价,以及持续性的企业与社会评价。二是家校社多方联动。评估体系的完善不仅仅局限于学校内部,还需要学校、企业、社会和家庭的共同参与。因此,我们积极倡导社会各方资源的整合,共同打造一个能够适应不同人生境遇的心理教育平台,确保心理健康教育的专业性、客观性和权威性,有效地将各个环节紧密相连,从而实现教育质量的全面提升。

二、打造高效心理健康服务体系

(一)落实标准化

为了构建高效的心理健康服务体系,必须坚决落实并执行从国家到地方的各级心理健康教育标准。具体而言,可参考如教育部等多部门联合发布的《全面加强和改进新时代学生心理健康工作专项行动计划(2023—2025年)》等政策文件。同时,各省(区、市)应制定相应的实施细则和考核指标。各学校应依据自身特点,结合上级标准,制定本土化的心理健康教育标准。标准涵盖硬件和软件两方面:在硬件方面,需明确师资配置、办公及心理辅导场所、专项经费等要求;在软件方面,需从观念上提升对职业教育心理健康重要性的认识,并建立明确的排查、预警及干预治疗机制,以确保心理健康教育工作的有效推进和持续改善。

(二)加强专业化

为了加强心理健康服务的专业化水平,需要从团队和制度两方面着手。一是建立专业化服务团队。以院校领导的顶层设计为纲,全面落实心理健康教育的组织实施,建设一支以专职教师为骨干,以兼职教师为补充,专兼结合、相对稳定、素质较高的大学生心理健康教育工作队伍。通过持续的学习培训、激励政策,以及与社会专业咨询机构的紧密合作,不断提升团队的研究水平和实践能力。二是构建专业化规章制度。确保各级心理健康工作计划的标准化实施,学校层面和二级教学单位应建立多层次的服务网络和相应的管理制度,辅导员和班主任需定期或不定期地走访学生寝室,加强对特定学生的心理与行为观察,实现日常跟踪与关注。同时,各教学单位应定期召开学生心理异常情况研判会议,对出现高危倾向的学生进行及时的帮扶,以全面提高学生的心理健康水平。

(三)实现精准化

一是实现管理精准。要强化预警机制,建立完善的心理问题学生预警登记册,确保心理危机事件能被及时发现并处理。要规范档案管理,加强咨询记录和重点学生咨询沟通档案的管理,以及心理问题学生转介的规范性,保障工作的连续性和有效性。要做到精准预防与处置,确保在心理危机事件发生时,能够第一时间发现并处置,利用技术手段强化预防工作,提高预防的精准性,从而增强学生心理健康工作的科学性、针对性和有效性。二是实现类型精准。要明确目标群体,针对职业教育学生的特点,从年龄、地区、兴趣、专业等多个维度进行分类,以便开展更具针对性的心理健康工作。要专业化开展工作,结合专业知识,对不同类型的学生群体进行心理健康访谈、排查、帮扶和改进工作。要进行回顾与复盘,通过对不同学生群体心理健康工作经验的总结,形成系统的素材积累,建立职业教育心理健康的帮扶资料库和案例库,并将形成的经验和案例对外推广复制,以提升整个职业教育领域的心理健康工作水平。

三、营造高能校园生态润泽体系

校园环境是沉浸式宣导教育氛围的绝佳场所,具有情境性、持久性、渗透性等先天优势。对于心理健康教育而言,能够在整体的校园环境熏陶下树立理想、订正方向、砥砺心态、和合性格,是除课堂教育以外最为合适的场域系统之一。

(一)体育实践,强健体魄塑心志

在校园内创造富有青春活力和运动休闲的健康校园环境,推动"健康第一"的教育理念,通过身体健康来保障和促进学生的心理健康,进而推动社交和精神健康的发展。一是融合心理健康教育与体育锻炼。鉴于体育活动对人格培养的重要性,应将心理健康教育与体育锻炼紧密结合,利用体育训练来锻炼学生的自信心、韧性和毅力等心理特质。通过体育活动的挑战性和团队性,帮助学生建立起积极向上的心理态度,改变"脆皮大学生"的身体状态和心理状态。二是推动阳光体育活动。校园内应积极推动各类阳光体育与健康教育的融合项目。例如,组织"三大球两小球比赛""飞盘大赛""寝室趣味运动会""体质指数达标行动"等多样化的活动,增强学生的体能,在锻炼身体的同时激发乐观、勇敢、坚韧的人格品质。

(二)科艺交融,提升素养润心灵

研究表明,艺术与科学活动对学生的心理健康具有积极影响。具体来说,参与绘画、音乐、舞蹈等艺术活动能够显著促进学生的情感释放,有效缓解学生在学习和生活中的紧张与焦虑情绪。此外,科学技术活动可以帮助学生树立远大的志向,激发他们的创造力,并培养他们的责任心和团队协作能力。一是开展多元化的科技进校园活动。积极开展科学家、院士、企业家、创业者、艺术家、文化人进校园活动,弘扬科学家精神,响应"科教融汇""科艺协同"的要求,贯穿人才培养全过程,鼓励学生参与技术技能竞赛和科研攻关活动。二是举办多彩文化艺术活动,如校园画展、音乐节、舞蹈大赛、戏剧表演与话剧节、摄影比赛、艺术工作坊,培养学生的艺术气质,拓展学生的认知领域,发掘自身艺术特长,提升学生全人素质,从而促使科艺融合,提升学生在心理健康层面的水平和效能。

(三)和谐交往,调适心态促成长

职业学校学生正处于一个关键的认知与社交发展时期,他们的交往模式正在从以自我为中心、依赖他人照顾的状态,逐步转变为追求平等交往和协作交往的阶段。这一转变不仅体现在日常生活中,还深入职业交往、恋爱关系和社团活动等各个场景。因此,把心理健康教育寓于其中尤为重要。一是要学会尊重他人,学会自我克制。引导学生凡事从多角度理解价值和利益的不同,尊重并包容别人的想法,理解世界的多元化和复杂性。二是提高沟通技巧。加强学生基本的语言能力培养、沟通技巧训练、交际心态锻炼等,比如委婉表述、赞美别人、尊重隐私、求同存异、不歧视不仰视等。三是学习倾听技巧。如引导学生学会主动倾听、理解对方、回应对方等，理解他人的重点和难点，进而展示善意，提供帮助等。和谐交往既是技巧方面的锻炼，更是心态方面的养成，具有极强的现实意义和心理健康状态的塑造价值。

第五节　实践典范：高职毕业设计"四多一全"探索

杭州万向职业技术学院始终坚持立德树人，着力培养高素质劳动者和技术技能人才。学院将学生毕业设计评价改革工作作为重点抓手之一，坚持"匠人为底蕴，达人为方向"的职业教育评价理念，立足全人教育，不断创新求变。经过多年努力，学院一改毕业设计评价"形式单一、主体守旧、体系不全、指标僵化"的模式，形成了彰显新时代高职教育的"四多一全"毕业设计评价新范式（见图5-2），为达成人才培养目标盖好"成材章"提供保障。

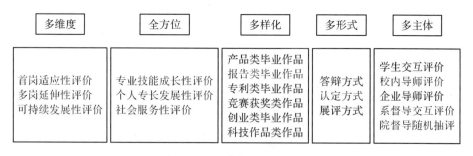

多维度	全方位	多样化	多形式	多主体
首岗适应性评价 多岗延伸性评价 可持续发展性评价	专业技能成长性评价 个人专长发展性评价 社会服务性评价	产品类毕业作品 报告类毕业作品 专利类毕业作品 竞赛获奖类作品 创业类毕业作品 科技作品类作品	答辩方式 认定方式 展评方式	学生交互评价 校内导师评价 企业导师评价 系督导交互评价 院督导随机抽评

图 5-2　高职"四多一全"毕业设计评价新范式

一、开启选题新视角：看当下更看未来

在毕业设计评价中，杭州万向职业技术学院聚焦学生职业发展首岗适应、多岗延伸和可持续发展，将未来职业工作岗位评价标准与毕业作品评价紧密结合起来，构建了多维度分类评价体系（见表5-3）。

表 5-3　学生职业发展相关的多维度分类评价体系

标准	指标	首岗适应	多岗延伸	可持续发展
毕业设计作品评价	知识	作品能满足单一首岗工作需求的专业知识,如加工、检验、营销等	作品有涉及至少2个岗位工作需求的专业知识,如加工+危害分析等	作品有涉及3个岗位工作需求的专业知识,如加工+品控+检验等
	能力	作品体现了国家、行业或企业标准,如检验或加工方法按照国家、行业或企业标准实施	作品体现应用国家、行业或企业相关法律法规进行检验或加工,并对结果做出评价	作品体现应用国家、行业或企业相关法律法规分析判断职业行为或产品合规性,并进行安全监控
	素养	在实习期间能与合作者正常沟通,有责任心,无违纪情况发生,实习单位评价合格	在实习期间能与合作者积极主动沟通,在责任心、工匠精神和"三创"精神等方面实习单位评价良好	在实习期间能与合作者积极有效沟通,在责任心、工匠精神和"三创"精神等方面实习单位评价优秀
	经验	有实习工作岗位的工作经历,从事过单一岗位的工作	实习期间轮岗,从事过至少2个岗位的工作	实习期间轮岗,从事过至少3个岗位的工作

毕业作品的选题内容,源于学生实习岗位等职业活动。以食品类专业为例,把生产管理过程分割成生产型、检验型、营销型、科研型和调查型等课题,着重评价学生职业技能和分析、解决问题的能力。采用差异化评价方式,注重每类岗位能力要素、职业性与专业性融合度等,不仅丰富了毕业作品多样性和实用性,更关注学生未来可持续发展。

此外,学生在校期间从事的专业科技研究、产品研发、专项调研、技能竞赛、专利研究、创业方案设计实施、大学生新苗计划项目、"三创"星级达人等也纳入毕业作品选择范围。学院针对不同选题设计评价量规,有利于师生明确选题要求,并对学生形成指导。

二、开创育人新模式:求全人亦求达人

杭州万向职业技术学院将毕业作品评价与学生终身发展相结合,重视与专业培养目标相关性,建立全方位评价模式,设计出与工匠精神、"三创"精神配套的"3+N"达人评价方案:"3"是通过新劳动教育、新工匠教育等

培养劳动达人,通过强化实践教学、赛教融合等培养技能达人,通过加强"三创"教育、专业教育等培养创造达人;"N"则是鼓励学生在外语、信息、智能、文艺、体育等领域拥有一技之长,促进个性发展,形成人人出彩的局面。

学院针对达人设计了评价标准:劳动达人注重课外劳动实践、公益志愿活动等劳动内容,以 20 小时/星级折算;技能达人以专业岗位为依托,聚焦职业技能竞赛和技能考证目标,开展星级评定;创造达人是以创造、创业、创新为手段,通过开展创业策划比赛、创业实践和创新发明,获得资助或形成专利等。对"N"类达人,学院鼓励不断挑战提升自我,在个人兴趣领域形成特色发展,努力实现技能证书考取、竞赛获奖、稿件论文发表等。

三、开发认定新方式:能答辩也能评鉴

杭州万向职业技术学院鼓励学生与时俱进,针对不同毕业作品形态的多样化采取毕业设计评价的多种形式认定。一是答辩:产品类、报告类、科技作品类(研究论文未发表)等毕业作品,采取现场汇报、答辩、专家点评方式进行。二是成果认定:专利类、创业类、科技作品(论文已发表、新苗计划立项结题相关材料等)、创业项目成果等毕业作品,则通过申请、审核、认定、公示的严格流程予以认定。三是展评鉴定:针对竞赛获奖类作品,通过在校内相关平台,以线上线下展示方式组织评委评价鉴定。

为提高毕业作品评价效率,确保作品质量与实用价值,学院将答辩、成果认定、展评鉴定 3 种方式,结合学生实际分别安排在毕业前半年(12月)、毕业当年(6 月)2 个时段进行。

四、开拓评价新主体:请内师也请外师

杭州万向职业技术学院深化毕业作品评价改革的一大特色,是将毕业作品与学生就业、企业招聘并入同一轨道,开拓出新的校外评价主体。学院通过"毕业开放周"活动邀请用人单位进校,实现毕业作品校内评价与校

外评价结合的多主体评价方式：在校内环节，有学生交互评价、校内导师评价、系部督导交互评价和学院督导抽样评价；在校外环节，则有企业导师专家评价。

学院的毕业设计评价，答辩现场向行业、企业开放，成果认定和展评鉴定方式则是邀请企业专家进校打分评审。这种引入评价新主体、校内外结合的方式，搭建了学院与企业、用人单位与毕业生面对面交流的桥梁，既可以彰显学院形象，检验人才培养质量，为学生提供展示舞台和就业良机，也可以充分收集企业用工需求，反馈指引专业结构设置、人才培养计划，可谓一举多得。

五、开辟发展新天地：就业强创业也强

10 年来，杭州万向职业技术学院不断就毕业作品评价体系进行调整完善。实践证明，这些贴近师生实际、顺应职教潮流、符合就业特点的创新改革取得了明显成效，学院毕业生综合素质、实际工作能力明显提升。已有 519 名学生参与国际交流，726 名学生升入国内本科院校，还有 129 名学生前往中国香港、新加坡的高校进修。统计数据显示，近 3 年，毕业生就业率平均高达 98.66％，学生创业率平均为 5.20％，已连续多年居浙江省前列，是全国平均数的 2 倍，毕业生到规模以上企业、500 强企业就业的比例有增加趋势(从 2.18％上升到 4.64％)，引起了《浙江日报》等媒体的广泛关注。

第六章

确保实效性：赋能课堂革命新范式

教育部原部长陈宝生提出，要坚持内涵发展，加快教育由量的增长向质的提升转变。把质量作为教育的生命线，坚持回归常识、回归本分、回归初心、回归梦想。深化基础教育人才培养模式改革，掀起"课堂革命"，努力培养学生的创新精神和实践能力。

课堂革命是新质教育理念的具体实践，它通过对教学各个方面的革新，实现了新质教育所倡导的学生主体性和实践性。课堂革命不仅是一场教育方式的革新，更是一次全方位的探索与突破。它涉及教师与学生的角色重塑、教学行为的转变、教育目标的再设定、教学内容的更新、教学场景的多元化、学习路径的创新、教学方法与手段的现代化、教育技术的深度融合、课堂文化的重塑，以及评估体系的完善等十大方面。在这一变革中，我们着重强调"五新"理念——突出新内容、立足新场景、融合新媒体、探索新学法、优化新评价，以此作为推进课堂革命的核心策略。

第一节　内涵解析:课堂革命之意蕴与目标设定

一、课堂革命的背景

课堂革命,这一概念在 2017 年 9 月由时任教育部部长陈宝生提出,旨在引领教育领域进行一场深刻的变革,以适应新时代对人才培养的新要求。自提出以来,它便在教育界引起广泛的关注和讨论。其本质在于对传统课堂进行根本性、系统性、创造性的变革。

1.国际教育革新趋势及其启示意蕴

国际上,一些国家如日本和芬兰在教育改革方面先行一步。例如,日本自 2002 年起实施的新课程体系,强调留给学生更多自由发展的空间,为学生个性化发展创造了适宜的教育环境。芬兰则广泛采用"基于现象的教学"模式,以多学科融合、基于现象探究、项目式学习为核心,有效提升了学生的综合素质。这些国际教育的成功经验和改革趋势,为中国的课堂革命提供了宝贵的借鉴和参考。

2.国内教育改革深化背景与迫切需求

国内方面,随着《教育部关于全面深化课程改革落实立德树人根本任务的意见》的发布,中国教育界开始深入探讨如何深化基础教育人才培养模式改革。陈宝生部长在此关键时刻提出课堂革命,正是为了引领教育领域适应新时代的发展需求,培养更多具有创新精神和实践能力的人才。

3.社会变迁与科技进步对教育的挑战

社会的快速发展和科技的不断进步对传统课堂提出了严峻挑战。据统计,近 5 年来,社会对人才的要求越来越高,不仅需要其具备扎实的专业知识,还需要具备创新精神和实践能力。同时,信息化时代的到来使得学生的学习方式和渠道发生了深刻变化,如在线教育、移动学习等新兴学习方式逐渐兴起。这些变化要求课堂必须进行革命性的变革,以适应新时代的教育需求。

4.教育现代化与信息化进程的呼唤

课堂革命是教育现代化的重要牵引和信息化时代的必然呼唤。教育现代化要求探索新的教育范式和课堂模式,以提升学生的核心素养和综合能力。信息化时代则带来了学习渠道、方式和资源的根本性改变,如大数据、人工智能等先进技术在教育领域的应用日益广泛。课堂革命正是在这样的背景下应运而生,旨在通过根本性、系统性、创造性的变革,创新人才培养模式,提升课堂质量和效果,给学生带来更加美好的课堂体验。

二、课堂革命的意义

1.提升学生的实践能力

课堂革命强调实践教学,鼓励学生通过动手实践来掌握知识和技能。在高职教育中,实践教学是培养学生实践能力的关键环节。通过课堂革命,学生可以更多地参与到实际操作中,从而提高自己的动手能力、解决问题的能力和团队协作能力。例如,在新能源汽车技术专业中,学生不仅在课堂上学习理论知识,还经常在车间进行实地操作,亲手拆解和组装汽车零部件,从而深刻理解汽车的工作原理。这对于高职学生未来在职场上的发展具有重要意义。

2.培养学生的创新思维

传统的高职教育往往注重知识的传授,而忽视了学生的创新能力培养。课堂革命则鼓励学生发挥想象力和创造力,通过探究式学习、项目式学习等方式,激发学生的创新思维。例如,在服装设计与工艺专业中,教师不再仅仅传授知识,而是设定一个主题,让学生自行设计服装。学生需要发挥想象力和创造力,设计出独一无二的服装。这种教育方式有助于培养出具有独立思考能力和创新精神的高职精英技能人才。

3.增强学生的自主学习能力

课堂革命倡导以学生为中心的教学理念,鼓励学生主动参与学习过程,提高自主学习能力。通过翻转课堂、慕课等新型教学方式,学生可以自主安排学习时间和进度,从而更好地掌握知识和技能。例如,在计算机编程课程中,教师可以提前录制好教学视频,让学生在课前自学。课堂上,学生带着问题来,教师则针对学生的疑惑进行解答和指导。这种自主学习能力对于高职学生未来的职业发展和终身学习具有重要意义。

4.促进学生的个性化发展

每个学生都有自己的兴趣和特长。课堂革命强调因材施教,关注学生的个性化需求。教师可以通过多样化的教学手段和资源,满足不同层次、不同兴趣学生的需求,促进学生的个性化发展。例如,在服装设计与工艺专业中,教师可以根据学生的兴趣和特长,为他们量身定制学习方向。对擅长服装结构设计的学生,可以引导他们深入研究版型制作、立体裁剪等核心技能;对热衷服装创意设计的学生,可以提供更多的时尚趋势分析和创意设计训练;而对服装工艺技术感兴趣的学生,则可以重点培养其缝制工艺、面料改造等实操能力。

5.提高学生的职业素养

课堂革命不仅关注学生的知识和技能培养,还注重学生的职业素养提升。通过模拟职场环境、开展职业生涯规划等活动,学生可以更好地了解职业要求,提高自己的职业素养。例如,在酒店管理与数字化运营专业的国际休闲旅游服务课程中,教师可以通过模拟导游讲解、处理游客问题等场景,提高学生的沟通能力和服务意识。同时,教师可以邀请行业内的专家来校讲座,让学生了解行业的最新动态和职业要求,从而更好地规划自己的职业生涯。这对于高职学生顺利融入职场、实现自我价值具有重要意义。

第二节 职责担当：课堂革新之核心与时代要求

在我国高等教育体系中，课堂革命不仅是教学方法的更新，更是教育理念和教育模式的全面升级。这一变革的提出，正是基于对当前大学人才培养实践中存在问题的深刻反思。自恢复高考制度以来，我国大学教育在持续的教学改革中取得了显著进步，涉及学科设置、课程体系、教学内容、教学方法等多个层面。然而，这些改革多聚焦于教学外围，而课堂作为教学的核心场所，其改革力度和深度相对有限，教学效果的实质性提升仍有待实现。课堂革命可视为大学教学改革的深化和核心突破，它反映了新时代经济社会发展与变革对大学人才培养的新要求。从根本上看，课堂革命旨在完善人才培养规格和提高人才培养质量。随着科技革命的加速和经济产业的快速更新，高等教育需培养出更多具备创新创业能力、应用动手能力和高品德修养的新型人才。传统课堂虽能使学生系统牢固地掌握基础知识，但在培养"两强一高"人才方面存在局限。因此，推进课堂革命，创新教学方法，增加实践教学环节，成为提升学生综合素质的关键。课堂革命的具体实施，需要聚焦于大学人才培养的主渠道——课堂教学，致力于改变传统课堂的教学模式，构建现代课堂，以适应新型人才培养的需求。具体而言，课堂革命应包含以下几个方面的任务。

一、构建一种新的教学场域

为了充分发挥师生的主体性和能动性，我们需要营造一种能够全面促进学生知识、能力和素质发展的教学环境。这要求我们重新设计课堂空间布局，优化教学设施，以创造更加灵活、开放和富有创造力的学习环境。具体而言，我们可以通过引入互动白板、触摸屏等教学设备，鼓励学生与教学内容进行实时互动，从而提升学习参与感。同时，实施小组学习活动，重新组织课堂空间以便于小组讨论和合作,通过小组项目、角色扮演等形式来促进学生团队协作能力和问题解决能力的培养。此外,开展情景模拟教学也是一个重要的方向。通过模拟真实世界中的场景如商业谈判、法律案件审理等,让学生在模拟实践中学习如何应对复杂情境。

二、探索一种新的教师教学范式

教师的教学范式对课堂的性质、特点和质量具有决定性影响。在课堂革命中,我们需要教师转变以讲授教材知识为主的教学方式,贯彻以学生为中心的教学理念,并更多地发挥引领、指导、组织和激励作用。具体而言,我们可以引入翻转课堂模式,让学生在课前通过在线资源自主学习,课堂上则进行问题解答和实践应用,从而实现教与学的翻转。同时,使用案例教学也是一个有效的方法,通过分析真实的行业案例来引导学生进行深入讨论,进而培养学生的批判性思维和问题解决能力。此外,实施项目式学习也是一个值得尝试的方向,通过设计跨学科的项目任务来让学生在解决实际问题的过程中综合运用所学知识。

三、建立一种新的学生学习范式

学生是课堂的主人,因此课堂革命要求学生从被动学习向主动学习转变。为了实现这一转变,我们需要引导学生从单纯学习教材知识向全面学习学科知识和实践知识转变,从独立学习向个人、团队和现场学习转变,从浅表性学习向深度学习转变。具体而言,我们可以通过培养自主学习能力来提供学习策略和时间管理指导,帮助学生制订个性化的学习计划并鼓励其自我监控学习进度。同时,推广数字化学习工具也是一个有效的手段,利用学习管理系统和在线资源来支持学生随时随地学习并实现学习方式的多样化。此外,开展实践性学习活动也是一个重要的方向,通过组织学生参加社区服务、实习实训等活动将课堂知识与实际工作相结合。

四、重塑一种新的师生关系

优良的师生关系是课堂革命的重要保障。为了改变传统的课堂上师生之间缺乏深层次互动和情感交流的现状，我们需要建立起一种新型的师生关系。具体而言，我们可以通过建立导师制度来为每位学生分配导师并提供学术指导和生活咨询，从而加强师生之间的个性化互动。同时，定期举办师生研讨会也是一个有效的方法，就学术问题或社会热点进行深入交流并促进思想碰撞。此外，鼓励学生反馈也是一个重要的环节，通过设立学生反馈机制，及时了解学生对教学的意见和建议，并调整教学策略以满足学生需求。

五、打造一种新的教学环境

教学环境对课堂教学效果具有重要影响，因此我们需要根据新的教学范式和学习范式来建设更加宽松自由、灵活机动的教学环境。具体而言，我们可以通过建设智慧教室来配备先进的多媒体教学设备和网络连接以支持多种教学模式的实施。同时，根据教学活动需求来优化教室布局以便于小组讨论、演讲展示等。此外，在教室内外展示学术成果和学生作品等来营造积极向上的学习氛围也是一个重要的方向。最后，鼓励学生参与校园文化建设如组织学术讲座和文化节等活动也是一个值得尝试的方向。

第三节 困境破局：课堂革命之挑战与应然之策

随着教育的不断发展和社会的快速进步，传统的课堂教学方式已经无法满足新时代的需求。为了全面提升教育质量，培养出更多具备创新精神和实践能力的人才,必须全面推进课堂革命,从多个维度对现有的教育体系进行深入的改革,包括加快师生角色转变、推进课堂行为革命、聚焦课堂目标升级、深化课堂内容革新、推动课堂场景多元化、革新课堂评估体系。通过这些改革措施,我们可以构建一个更加符合现代教育理念、更加贴近学生实际需求的新型教育体系,为学生的全面发展提供有力的支持。接下来,我们将详细介绍这些改革路径。

一、加快师生角色转变:构建新型教学关系

在教育改革的进程中,我们需要对传统的师生角色进行深刻的变革,以构建更加符合现代教育理念的新型教学关系。这一变革旨在优化教学关系、提升教学效果,从而更好地促进学生的全面发展。

一是强化"教练型"教师与"运动员"学生的角色定位。教师需要从单纯的知识传授者转变为学生的引导者和支持者,协助学生规划学习路径、攻克学习难题。学生则需要从被动的知识接受者转变为主动的知识探索者和实践者,通过反复的练习和实践来增强自身的学习能力和综合素养。这种角色定位的转变,不仅符合建构主义学习理论的核心观点,即学习是学生主动建构知识的过程,也有助于提升学生的学习兴趣和主动性,进而提高学习效果和创新能力。

二是强化"员工"教师与"客户"学生的角色认知。教师将服务意识贯穿教学始终,时刻关注学生的需求和期望。学生是最尊贵的"客户",教师需要提供个性化的教育服务,满足学生的不同需求。通过精细化的教学设计、针对性的辅导,以及与学生的有效沟通和交流,教师能够更好地激发学生的学习兴趣和积极性,提升学习效果和满意度。

三是强化"导演"教师和"演员"学生的角色扮演。教师需要精心设计和组织整个教学过程,制定针对性的教学计划和策略,引导学生进行有效的学习和探索。学生则需要积极参与到教学过程中,认真学习并付诸实践,勇于表达个人观点,与教师和其他同学进行积极的交流和互动。这种

角色认知的转变,不仅有助于提升学生的学习效果和综合素质,还能够培育学生的团队协作精神、沟通能力和批判性思维。

二、推进课堂行为革命:优化教学实践过程

推进课堂行为革命是优化教学实践、提升教育质量的重要途径。通过强化组织行为的核心地位、重视教学设计的全面性和系统性,以及激发创新行为的驱动力,我们可以构建一个更加高效、有趣的课堂环境,为学生的全面发展提供有力的支持。

1.强化组织行为核心性

组织行为在课堂教学中的核心地位不容忽视。传统的教学方式往往以教师为中心,学生处于被动接受的状态。然而,现代教育理念强调学生的主体性和参与性。因此,教师要善于"组织",不仅要组织好教学内容,确保知识的系统性和连贯性,帮助学生构建起完整的知识框架,还要组织好教学过程,通过精心的课堂设计和管理,引导学生积极参与,激发他们的学习热情和主动性。

2.重视教学设计的系统性

教学设计是课堂行为革命中的重要一环。传统备课往往局限于教材内容的准备,而现代教学设计要求更全面、更系统。教师应根据人才培养方案、课程标准和岗位需求,精选和设计教学内容,确保教学内容与实际需求紧密相连。同时,选择合适的教学方法和情境化的教学媒体也是至关重要的,它们能有效提升学生的学习兴趣和效果。此外,教学评价也应成为教学设计的一部分,通过科学、客观的评价体系,为教师提供反馈和改进的方向。

3.激发创新行为的驱动性

创新是推动课堂行为革命的核心动力。教师应敢于打破传统,积极探索新的教学方法和手段。这不仅能激发学生的学习兴趣,还能培养他们的

创新思维和实践能力。学校和教育机构应为教师提供必要的支持和资源,如定期的培训、教学研讨会等,鼓励教师之间的交流与合作,共同推动教学创新的步伐。

三、聚焦课堂目标升级:构建美好课堂生态

课堂目标的革命是提升教育质量的关键环节。因此,学校要以全新的教育理念来指导教学实践,关注学生的全面发展,构建以学生为中心的美好课堂,并努力改善课堂生态。从坚持立德树人、全面培养全人,构建美好课堂、实现美好体验,克服糟糕课堂、改善课堂生态 3 个方面出发,以开放的心态、创新的精神和科学的态度共同推进课堂革命,以培养新时代的优秀人才。

一是以立德树人为核心任务。在现代教育理念的指导下,我们必须全面贯彻党的教育方针,不仅要关注学生的知识传授,更要注重学生的德育培养。为了实现立德树人这一目标,一要以"匠人"精神为底蕴,即培养学生对专业技能的深入钻研和精益求精的态度;二要以"达人"为发展方向,鼓励学生全面发展,使学生成为具有社会责任感、创新精神和实践能力的新时代青年;三要以"全人"为目标,着力加强劳动教育、技能教育、创造教育,引导学生成为世界的人、创业的人、和合的人。

二是构建美好课堂。首先,我们应该充分利用并持续拓展"美好课堂"教师行为白名单的功能,以此作为教师自我提升和展示的指南,进而激励教师不断挑战自我、实现自我超越,最终增强其职业成就感。其次,通过组织"美好课堂"评比活动,我们可以营造一个积极向上的教育环境,这不仅有助于提升教师的教学质量,还能激发学生的学习热情。最后,通过展示优秀的教学成果,我们可以促进教师之间的交流与学习,从而提升整体的教学水平。一个积极的学习氛围,能够让学生在轻松愉快的状态下学习,从而深刻感受到主体感、获得感、期待感和惊奇感。

三是克服糟糕课堂现象。糟糕的课堂不仅影响学生的学习效果,还可

能对其心理健康造成不良影响。因此,我们需要引导教师利用"糟糕课堂"教师行为预警清单进行自我反思和纠偏,及时发现并改正教学中的问题,通过改善课堂生态,使学生能够乐学、会学、学会,在良好的课堂气氛中苗壮成长。

四、深化课堂内容革新:紧密联系社会发展

课堂内容革命作为教育改革的核心议题,旨在构建与现代社会发展需求紧密相连的课程体系。这一革命性变革不仅要求我们对传统课程内容进行重新审视,更需我们基于前瞻性视角,全面创新课程设计理念与实施策略。

一是设计实用、好玩、有意义的课程。教师需要深入洞察市场趋势,精准地把握相关行业的发展方向,以确保课程内容与未来职场需求紧密相连。同时,课程内容应强调其实用性,让学生能够将在课堂上学到的知识应用到日常生活中,真正做到学以致用。此外,为了营造轻松、活泼的学习氛围,教师应巧妙地将趣味性元素融入教学之中,从而更有效地激发学生的学习兴趣和主动性。更重要的是,课程设计应深入挖掘思政教育的内涵,帮助学生树立正确的世界观、人生观和价值观,以此实现课程的深远教育意义。

二是体现"四化四元素"的课程内容。要以市场化、现代化、国际化、数字化为导向,对课程进行深入的改革。市场化改革旨在紧密结合行业需求,全力培养学生具备市场竞争力的专业技能与综合素质。现代化改革则要求我们不断更新课程内容,确保其反映当代社会的最新发展和技术进步。国际化改革鼓励学生拓宽视野,了解和尊重多元文化,从而增强其在国际竞争中的实力。数字化改革要求我们充分利用信息技术手段,将数字化资源和方法融入课程教学之中,提升教师教学效率和学生学习体验。此外,思政、英语、应用和校本四大元素的融入,进一步丰富了课程改革的内容,使其更加贴合专业和岗位的实际需求,并不断引入新技术、新工艺和新标准。

三是推动教材创新与开发。教材不仅是知识传递的媒介,更是引领学生学习、思考和探索的灯塔。首先要建立定期的教材修订机制,以保障教材内容的时效性和准确性。其次要积极倡导教师参与活页教材和工作手册式教材的研发,满足学生个性化、多样化的学习需求。最后应编制各类新颖的补充教材,为学生提供更加丰富多彩的学习资源,从而支持他们的全面发展,并助力个性化成长。

五、推动课堂场景多元化:重构教学与学习环境

1.重构实体教学环境

在现代教学理念下,物理空间的改造已成为提升教育质量的关键环节。传统的教室、实训室、实验室,以及企业和社会实习场所,均需根据学生的学习特性与现代教育技术的发展进行深度优化。例如,教室布局可以从传统的"讲台式"转变为"小组讨论式",以促进学生之间的交流与合作,培养他们的团队协作能力。实训室和实验室则应引入更多的交互式设备,提升实践操作的直观性和互动性,从而加深学生对知识的理解与运用。同时,企业和社会实习场所也应注重学生的参与感和体验感,让他们在实践中学习,更好地将理论知识与实际工作相结合。

2.拓展数字化教育网络空间

随着信息化、网络化和智能化技术的飞速发展,我们应充分利用这些技术为教育带来的便利。数字校园和智慧校园的建设不仅是技术进步的体现,更是教育理念更新的标志。我们需要加快这一建设步伐,将"互联网＋"思维深入融合到课堂教学中,创新教学模式。例如,翻转课堂将学习的决定权从教师转移给学生,使学生在课前通过自主学习掌握基础知识,课堂上则更多地进行问题探讨和深化理解。线上课堂和混合课堂则打破了时间和空间的限制,使学生可以随时随地学习,大大提高了学习的灵活性和效率。

3.深化情境式教学实践

情境教学是一种以学生为中心的教学方法,它强调在真实或模拟的情境中进行教学,以提高学生的学习兴趣和参与度。我们应进一步设计并丰富多种教学情境,如角色扮演、案例分析、问题解决等,以增强教学的直观性和生动性。同时,情境教学也有助于培养学生的问题解决能力、批判性思维和创新能力,为他们未来的职业发展奠定坚实的基础。通过情境式教学,我们可以将抽象的理论知识与实际情境相结合,使学生在轻松愉快的氛围中掌握知识,提升技能。

六、革新课堂评估体系:确保教学质量稳步提升

1.深化考试评价体系的改革

考试作为衡量学生学习成效的重要手段,其设计应紧密结合培养目标,力求评价有效、客观、全面与真实。为此,我们提出建立以"能力为中心"的考核评价体系。该体系融合了"过程性考核"与"综合性考核",形成一种"形成性"的评价模式。在此模式下,我们强调工作任务与学习任务的有机融合,鼓励学生进行深度学习和思考。作业设计方面,我们注重实践性和创新性,探索多元化的作业形式,如实践手册编写、成果多维度展示、主题小报编辑、调查问卷设计与分析、实地考察报告撰写、视频创作与编辑、项目汇报演讲、时尚 T 台展演,以及产品创新制作等。这些多元化的作业形式旨在全面提升学生的实践能力、创新思维和团队协作能力。同时,通过展示学习成果,利用学生自评、生生互评的方式,进一步促进学生的思维碰撞和观点交流,从而提升学习的乐趣和效果,形成一种积极、互动的学习氛围。

2.完善教师评价机制

在教师评价方面,我们以课堂教学质量作为教师工作评价的核心指标,将课堂革命的成效作为教师绩效考核的重要依据。与传统的听课评价方式不同,我们强调对教师的课堂教学表现进行实地观摩,以更真实、全面

地了解教师的教学水平和风格。同时,我们高度重视学生的评价意见,将学生评教作为评价教师教学质量的重要参考依据,以确保评价结果的客观性和公正性。通过这种评价方式,我们期望能够激励教师不断提升自身的专业素养和教学能力,为学生提供更优质的教学服务。

3.加强教学督导评估工作

为了确保教学质量的持续提升,我们全面推进教学督导评估工作。通过建立健全院系两级教学督导评估组织,我们期望能够形成一套完善的教学质量监控体系。同时,我们不断完善综合督导评估的职能,以确保各项教学工作的有效实施和教学质量的稳步提升。在督导评估过程中,我们注重数据的收集和分析,以及时发现问题并进行针对性的改进。通过这种方式,我们期望能够不断优化教学流程、提升教学效果,从而为学生提供更高效、更有针对性的教育服务。

第四节　实践典范:高职"三真"载体下能力跃迁的课堂革命

本案例以省级在线精品课程"国际贸易实务与操作"中的"流通型外贸企业的业务开展活动"为主要内容,依托学校与市国际商会共建的"校政行企"产教融合平台(28 号国际驿站),实施"三真三段五进阶"教学策略,以增强人才的适应性。本案例以外贸智匠培养为主线,设计了"三域三维双导"思政融入路径,构建了岗课赛证融通、技能素养融合的综合育人机制,保障学生成人成才,为区域经济培养更多高素质技术技能外贸人才。

一、背景与存在的问题

党的二十大报告中强调,要推动货物贸易优化升级,创新服务贸易发展机制,发展数字贸易,加快建设贸易强国。外贸是拉动我国经济增长的

"三驾马车"之一,对于稳经济、促发展发挥着重要作用。因此,我国经济发展,需要大量能精准处理外贸业务的高素质技术技能型外贸人才。

"国际贸易实务与操作"作为国贸专业课程,主要为学生学习国际贸易业务操作奠定基础。然而,"国际贸易实务与操作"传统教学存在 3 个方面的问题:一是以单笔业务流程为教学内容,学生不能应对复杂多变的外贸流程;二是外贸业务操作训练方式单一,学生不能承担新型外贸工作任务;三是德技兼修的育人机制不健全,学生不能适应涉外领域工作要求。

针对以上问题,我们对课程教学进行了改革。我们依托学校与市国际商会共建的"校政行企"产教融合平台(28 号国际驿站),创新"校政行企"综合育人模式,提高学生新型外贸岗位胜任力;设计"三域三维双导"思政范式,加强学生涉外工作环境适应力;在"真实产品、真实业务、真实项目"支持下,以学生团队运营式业务 PK 赛的形式贯穿完整业务流程;以省级重点示范实训基地为载体,有机融合校企双主体的资源空间,为学生提供多样化学习场景和丰富的信息化学习资源;设计"能力本位"五度评价体系,保障学生增值进阶发展全面性。从而保障学生成人成才,为区域经济发展培养更多高素质技术技能型外贸人才。

二、解决问题的策略

(一)依据不同外贸业务类型,重构教学模块内容

本案例内容选自专业课程"国际贸易实务与操作"。该课程开设于第二学期,是省级精品在线开放课程。课程内容以外贸业务员和跨境电商 B2B 销售专员的岗位能力要求为参照,落实国贸专业国家教学标准体系,对接跨境电商 B2B 数据运营职业技能标准,基于真实工作任务,以外贸企业类型、交易方式与结算方式为条件重新构建了 4 个模块。每个模块体现了外贸行业新型业态完整工作流程的迭代递进设计(见图 6-1)。

图 6-1　教学内容结构

(二)借助智能技术分析学情,掌握差异精准画像

本案例授课对象为国贸专业 221 班学生。本模块学习前,通过学习平台数据统计分析,结合课上观察、课下访谈与作业分析,得到以下学情(见图 6-2)。

知识与技能基础:经过模块一的学习与训练,学生对电商类企业的外贸业务有一定了解,具备了开展外贸业务的基础条件,但对外贸业务拓展的方式和手段还不甚熟悉,对外贸新业态较复杂的相关业务操作能力有待加强。

认知与实践能力:学生能适应简单工作内容,顺利完成产品介绍,对市场进行调研,能进行店铺设立、产品上传 B2B 平台等操作,但是对利用数字技术精准开发客户等深度操作有欠缺,还未能独立完成完整的外贸业务全流程。

学习特点与喜好:从调研中可以看出学生更喜欢各种参与性的课堂活动,包括小组讨论、课堂实操等,乐于合作学习。结合模块一的教学反馈,在模拟操作和全真演练的教学情境中,学生学习目标达成度更高。

特殊个体：班级中有 1 名退伍学生，基础较薄弱，需要教师重点加强指导学习训练。此外，班级里有 6 名学生在校内生产性实训基地企业导师的带领下，已经开始承担企业外贸业务工作，可聘为各学习小组的小导师，帮扶其他同学。

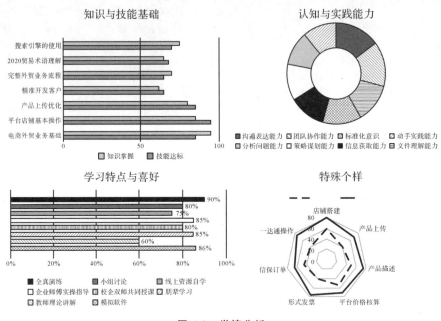

图 6-2　学情分析

（三）对标岗课赛证设定目标，厘定教学重点难点

基于流通型外贸企业的外贸人才数字应用能力新要求，根据课程标准、跨境电商 B2B 数据运营技能等级标准考核要求，参赛项目的教学目标聚焦在：懂外贸业务流程、会精准开发客户、精成本价格核算和有风险规避意识。结合学情分析、往届学生学业情况和教师经验，预判了本模块教学重难点，并拟定了解决策略（见图 6-3）。

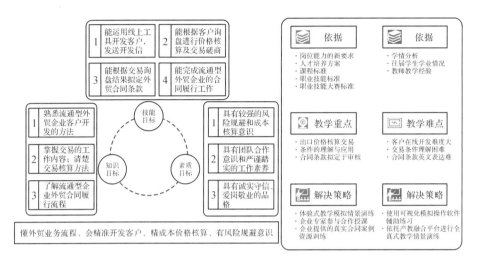

图 6-3 课程教学目标及重难点解决策略

(四)融通德技训育制定策略,校企多维协同育人

1.借助校政行企资源平台,制定"三真三段五进阶"教学策略

依托学校与市国际商会共建的"校政行企"产教融合平台(28 号国际驿站),集聚优势资源,在"真实产品、真实业务、真实项目"支持下,以学生团队运营式业务 PK 赛的形式贯穿完整业务流程。根据学生认知发展规律,将教学过程设计为 5 个进阶环节(见图 6-4),在"中国心、世界眼、工匠脑"的三维思政浸润下,保障学生职业综合素质和行动能力的达成。

2.依托校企协同育人平台,设计"三域三维双导"思政融入模式

以外贸智匠培养为主线,构建了"三域三维双导"思政融入模式(见图 6-5)。"三域"指线上平台、校内课堂与校外基地"三场耦合"搭思政场合;"三维"指"中国心、世界眼、工匠脑"思政育人目标;"双导"指学业导师与职业导师"双师导引"组思政导师。

通过外贸特色产品选择、中国品牌等内容载体引导学生坚定"四个自信",做好文化传承;通过国际财经新闻、经贸案例等引导学生在涉外事务中碰到国家利益问题时做出正确的选择,培养学生家国情怀;通过真实的企业外贸业务项目锻炼,培养学生劳动习惯,引导学生提升团队合作意识,

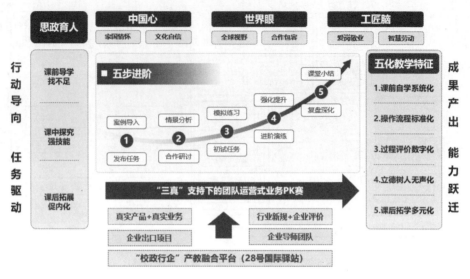

图 6-4 "三真三段五进阶"教学策略

培育全球视野;通过引入外贸职业技能比赛标准和"X"证书标准,培养学生的工匠精神、诚信守法意识、风险防范意识,树立职业道德。

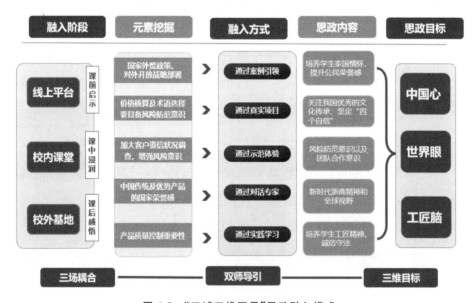

图 6-5 "三域三维双导"思政融入模式

（五）共建多场景学习新环境，三师协同提质增优

依托"校政行企"产教融合平台（28 号国际驿站）集聚的优质资源，紧跟外贸企业的转型升级，组建包括省专业带头人、市优秀教师、企业资深业务专家等专兼结合的结构化教师团队，形成校内主讲教师、企业导师和实训指导教师三师协同优化保障教学质量。

依托训育一体教学资源库（见图 6-6），建成"国际贸易实务与操作"省级精品在线开放课程，校企合作出版省新形态教材，编写《国际贸易实务与操作》工作手册。同时，使用对标国家技能大赛要求的 SimTrade、互联网＋国贸综合技能实训等仿真软件开展虚实结合教学，并以省级重点示范实训基地为载体，与企业共建基于企业业务经营的"生产性实训基地"，有机融合校企双主体的资源空间，为本模块提供多样化学习场景和丰富的信息化学习资源。

图 6-6　训育一体教学资源库

(六)"三段三式四环"实施教学,德技融合综合育人

1."三段"践行,夯实基础进阶能力

每个教学单元的课堂教学通过"课前导学做准备、课中探究强技能、课后拓展促内化"三段环节,使"完成工作任务,聚焦问题求解"形成一个有机的整体(见图6-7)。

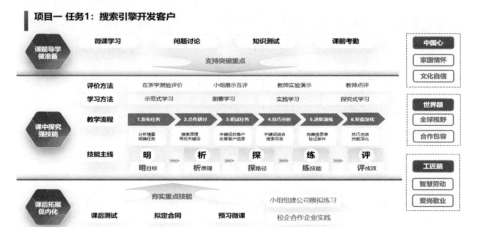

图6-7 单次教学单元的实施安排

课前:利用课程在线资源平台资源,引导学生自学,厘清新知识与旧知识之间的脉络和关系。布置"企业客户开发渠道"调研任务,为课中学习做准备。退伍学生通过老师线上的单独辅导,较好完成课前自学内容。

课中:引入情境,发布任务(针对合作企业提供的真实产品,通过搜索引擎工具搜集客户有效信息),小组利用网络搜集客户信息,完成初始任务。通过各小组的分享展示,交流探讨从而对搜索引擎获取客户信息的整体构成有一个初步认知,帮助学生进行协作探究和应用新知。在技巧分析基础上,通过实战平台进行进阶演练(深度挖掘客户信息,完成客户跟踪表完善与验证)。最后,复盘深化厘清工作过程的知识点,形成集体层面的高层次协作知识建构。

课后:学生进入校内生产性实训基地,作为高年级学生助手进行真实业务运营与提升,巩固拓展,真正达到融会贯通。基础较弱的同学,由小导师结对子进行深化学习和训练。

2.“三式”融入,强化思政育人目标

课前导学的“案例式”社会责任融入:课前完成相关内容的自学自测,引导学生调研企业开发客户的方法,培育学生“刻苦钻研”责任意识,激发职业认同感。

课中探究的“专题式”家国情怀融入:通过协作与改进优化方案,强化学生集体意识和品质意识;用“国家对外贸的支持”“合法合规使用谷歌”等专题式案例载体,挖掘“中国心”“世界眼”思政元素,无缝融入课堂实践。

课后拓展的“活动式”企业文化融入:依托校内生产性实训基地,校企共建共育爱岗敬业的氛围,帮助学生接受不同类型的企业文化熏陶,在课后拓展任务中植入工匠情怀,形成职业行为规范。

3.“四步”闭环,实施五度考核评价

基于学习成果产出,课程依据企业任务标准和“1＋X”证书考核要求,构建了“明目标、探路径、查状态、核成效”闭环控制。通过“多主体、多层次、多维度、多载体”促使师生与企业共同参与评价,实时跟踪学生的知识掌握度、技能熟练度、过程参与度、素养提升度、学习增值度,重点突出学生具备解决实际问题的综合能力考核评价,进而聚焦学生学习成效的提升(见图6-8)。

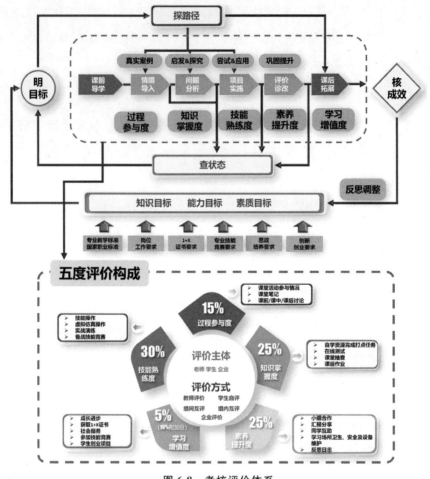

图 6-8　考核评价体系

三、课程实施效果

（一）围绕问题展开教学，知识掌握度明显改善

教师通过真实业务引发学生思考，学生通过小组协商探寻之道，合作探究完成本模块知识点的学习。如图 6-9 所示，通过学习平台统计数据，8 次任务课后测评成绩平均分超过 85 分，优良率明显提高，表明大部分学生达成了知识目标。退伍复读的同学，模块二学习结束后，测试成绩比前一模块有了明显提高。

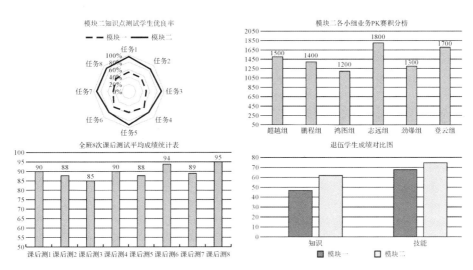

图 6-9　学生知识学习成效

(二)迭代演练完成任务,技能熟练度显著提升

对接"1+X"证书与技能大赛各项标准,学生通过单一项目的变式虚拟仿真、实战演练、不同项目复杂程度的进阶递升实现技能迭代提升,达成技能目标。本模块内容所对应的技能操作准确率明显改进,企业导师的评价优良率显著提升(见图 6-10)。

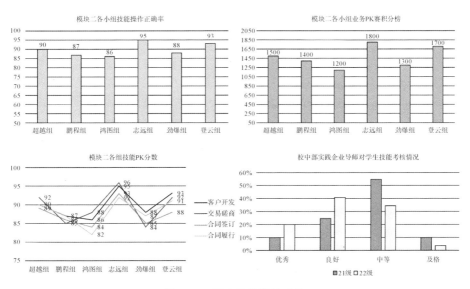

图 6-10　学生技能训练成效

（三）无缝对接企业岗位，教育增值度进阶增加

依托"校政行企"产教融合平台，将真实外贸业务操作与系统的外贸知识有机结合，企业专家全程参与现场教学与远程指导，学生在真实项目实践中淬炼匠心，沟通更积极，团队协作能力、创新能力得以提升。其中有 6 名同学在业务 PK 赛中表现出色，获得合作企业暑期带薪实习的机会，有 3 名同学在"校中部"全真业务实践中拿到真实订单，获企业奖励（见图 6-11）。

图 6-11　学生获得企业的肯定

四、创新与示范

（一）"校政行企"综合育人模式，提高学生新型外贸岗位胜任力

借助于"校政行企"产教融合平台，在真实产品、真实业务、真实项目"三真"支持下，糅合数字化资源和仿真模拟软件，帮助课程内容融合外贸岗位、技能竞赛、"1＋X"证书、课程思政及创新创业等要素，将企业项目转化为教学案例，实现教学过程与工作过程对接，以岗定课、以赛促教、以证促学，帮助学生胜任复杂的外贸工作，极大提升了教学效益与学生综合职业能力。

(二)"三域三维双导"思政范式,加强学生涉外工作环境适应力

立足于行业发展现状及岗位能力需求,以"中国心、世界眼、工匠脑"为指引,深入挖掘对外贸易行业的思政教育资源,强化"双师双导"的双向培育功能,共建共育爱岗敬业的氛围,帮助学生接受不同类型的企业文化熏陶,培育诚信服务、德技兼修的职业素养。

(三)"能力本位"五度评价体系,保障学生增值进阶发展全面性

依据企业任务标准和"1＋X"证书考核要求,创新知识掌握度、技能熟练度、过程参与度、素养提升度、学习增值度的五度评价体系,强调以职业核心素养为根本的价值引领、以能力考核为主线的教学评价指向,重点突出学生具备解决实际问题的综合能力考核,进而聚焦教学成效的提升。

五、反思与改进

(一)不断优化五度评价体系,强化完整行动导向型评价方法

问题:目前在数字技术支持下的全过程即时性评价,多是去情境的认知和技能导向型评价方法,具有客观性、易实施的特性,重在成果,不关注过程。

对策:今后应向完整行动导向型评价方法转变,加强对诸如技术敏感性和创新性等高层次实践能力的评价,促进学生"价值理性"和"元认知能力"发展。

(二)不断优化学习资源供给,提升学生自导探究学习能力

问题:目前的数字化资源支持了混合教学模式,但线上资源多是展示性的知识学习资源,没有摆脱灌输性学习范式的影响。

对策:今后应适应"工学互嵌"人才培养模式改革的需要,建立起有利于学生自导探究学习的支持系统,以个性化方式支持学习,收集学生学习遇到的问题与障碍,转化为学习问题,让师生共同成为教学资源的开发主体。

参考文献

一、专著

[1] 习近平.习近平谈治国理政:第一卷[M].北京:外文出版社,2018.

[2] 习近平.习近平谈治国理政:第二卷[M].北京:外文出版社,2017.

[3] 习近平.习近平谈治国理政:第三卷[M].北京:外文出版社,2020.

[4] 习近平.习近平谈治国理政:第四卷[M].北京:外文出版社,2022.

[5] 习近平.习近平著作选读:第一卷[M].北京:人民出版社,2023.

[6] 习近平.习近平著作选读:第二卷[M].北京:人民出版社,2023.

[7] 习近平.决胜全面建成小康社会 夺取新时代中国特色社会主义伟大胜利:在中国共产党第十九次全国代表大会上的报告[M].北京:人民出版社,2017.

[8] 习近平.高举中国特色社会主义伟大旗帜 为全面建设社会主义现代化国家而团结奋斗:在中国共产党第二十次全国代表大会上的报告[M].北京:人民出版社,2022.

[9] 牟惠康.全人教育:校本实践与研究[M].杭州:浙江教育出版社,2022.

[10] 牟惠康.课堂革命:杭州万向职业技术学院的探索[M].杭州:浙江大学出版社,2020.

[11] 牟惠康,张倩.数字化教育探索与研究[M].杭州:浙江大学出版

社,2023.

[12] 陈悦,陈超美,胡志刚,等.引文空间分析原理与应用:CiteSpace 实用指南[M].北京:科学出版社,2014.

[13] 林良富,马建荣,李凤,等.应用型高校产科教融合生态系统的研究[M].杭州:浙江大学出版社,2021.

[14] 蒋新革,等.新时代高职产教融合路径研究:以"入园建院、育训结合"为特征的产业学院育人模式研究[M].广州:中山大学出版社,2021.

[15] 周光礼.面向创新的大学教育:科教融合理念及其模式建构[M].北京:科学出版社,2019.

[16] 魏清.全人教育视野下的有效教学[M].北京:社会科学文献出版社,2012.

[17] 谢安邦,张东海.全人教育的理论与实践[M].上海:华东师范大学出版社,2011.

[18] 沈壮海,王晓霞,王丹,等.中国大学生思想政治教育发展报告 2017[M].北京:北京师范大学出版社,2018.

[19] 刘建军.寻找思想政治教育的独特视角[M].北京:中国人民大学出版社,2017.

[20] 秦宣.分化与整合:社会转型期的思想政治教育研究[M].北京:中国人民大学出版社,2017.

[21] 徐辉.心理健康与思想政治教育[M].北京:首都经济贸易大学出版社,2019.

[22] 张微.心理学视域下的思想政治教育方法论[M].厦门:厦门大学出版社,2021.

[23] 邹泉.高校思想政治工作中的心理教育机制的构建研究[M].沈阳:辽宁大学出版社,2019.

[24] 潘强.高校网络思想政治教育生态系统构建研究[M].北京:中央编译出版社,2019.

[25] 贺星岳,等.现代高职的产教融合范式[M].杭州:浙江大学出版社,2015.

[26] 黄艳.产教融合的研究与实践[M].北京:北京理工大学出版社,2019.

[27] 李德方.省域职业教育校企合作研究:基于江苏实践的考察[M].苏州:苏州大学出版社,2019.

[28] 潘懋元.多学科观点的高等教育研究[M].上海:上海教育出版社,2001.

[29] 石伟平.比较职业技术教育[M].上海:华东师范大学出版社,2001.

[30] 孙祖复,金锵.德国职业技术教育史[M].杭州:浙江教育出版社,2000.

[31] 唐新贵,唐连生.基于互联网生态助推产教融合发展:宁波工程学院经管案例精选[M].北京:中国财富出版社,2019.

[32] 王凤领.地方本科高校产教融合应用型人才培养研究[M].北京:中国水利水电出版社,2020.

[33] 赵金玲.校企合作、产教融合培养高素质应用型旅游人才[M].北京:旅游教育出版社,2019.

[34] 肖京,赖家材.数字化赋能高质量发展[M].北京:人民出版社,2023.

[35] 林世员,郑勤华.教育信息化与慕课发展战略研究[M].北京:北京师范大学出版社,2020.

[36] 汤彪.数字化教育:基于大数据和智能化场景应用下的教育转型与实战[M].北京:中华工商联合出版社,2021.

[37] 李开复,王咏刚.人工智能[M].北京:文化发展出版社,2017.

[38] 教育部考试中心.中国高考评价体系[M].北京:人民教育出版社,2019.

[39] 梁启超.梁启超论教育[M].北京:商务印书馆,2017.

[40] 钟启泉.课程论[M].北京:教育科学出版社,2007.

二、期刊

[1] 刘国买,何谐,李宁,等.基于"三元融合"培养应用型人才:新型产业学院的建设路径[J].高等工程教育研究,2019(1):62-66,98.

[2] 吴爱华,杨秋波,郝杰.以"新工科"建设引领高等教育创新变革[J].高等工程教育研究,2019(1):1-7,61.

[3] 蔡宝来.人工智能赋能课堂革命:实质与理念[J].教育发展研究,2019(2):8-14.

[4] 石伟平,郝天聪.从校企合作到产教融合:我国职业教育办学模式改革的思维转向[J].教育发展研究,2019(1):1-9.

[5] 庄西真.产教融合的内在矛盾与解决策略[J].中国高教研究,2018(9):81-86.

[6] 宣葵葵,王洪才.高校产业学院核心竞争力的基本要素与提升路径[J].江苏高教,2018(9):21-25.

[7] 胡文龙.论产业学院组织制度创新的逻辑:三链融合的视角[J].高等工程教育研究,2018(3):13-17.

[8] 祁占勇,王羽菲.改革开放40年来我国职业教育产教融合政策的变迁与展望[J].中国高教研究,2018(5):40-45,76.

[9] 马树超,郭文富.高职教育深化产教融合的经验、问题与对策[J].中国高教研究,2018(4):58-61.

[10] 唐未兵,温辉,彭建平."产教融合"理念下的协同育人机制建设[J].中国高等教育,2018(8):14-16.

[11] 俞国良,李建良,王勍.生态系统理论与青少年心理健康教育[J].教育研究,2018(3):110-117.

[12] 朱为鸿,彭云飞.新工科背景下地方本科院校产业学院建设研究[J].高校教育管理,2018(2):30-37.

[13] 俞国良,赵凤青,罗晓路.心理健康教育:高等学校学生的认知与评价[J].黑龙江高教研究,2017(9):109-112.

[14] 施晓秋,赵燕,李校堃.融合、开放、自适应的地方院校新工科体系建设思考[J].高等工程教育研究,2017(4):10-15.

[15] 陈星,张学敏.依附中超越:应用型高校深化产教融合改革探索[J].清华大学教育研究,2017(1):46-56.

[16] 杨刚.创客教育:我国创新教育发展的新路径[J].中国电化教育,

2016(3):8-13,20.

[17] 杨晓哲,任友群.数字化时代的 STEM 教育与创客教育[J].开放教育研究,2015(5):35-40.

[18] 柳友荣,项桂娥,王剑程.应用型本科院校产教融合模式及其影响因素研究[J].中国高教研究,2015(5):64-68.

[19] 王丹中,赵佩华.产教融合视阈下高职院校协同育人机制探索[J].中国高等教育,2014(21):47-49.

[20] 文旭,夏云.全人教育在外语教育中的现实化[J].外语界,2014(5):76-82.

[21] 陈年友,周常青,吴祝平.产教融合的内涵与实现途径[J].中国高校科技,2014(8):40-42.

[22] 杨现民,余胜泉.论我国数字化教育的转型升级[J].教育研究,2014(5):113-120.

[23] 谭艳芳.高职院校分层次心理健康教育模式研究[J].中国教育学刊,2013(S4):86-87.

[24] 赵驰轩.高职院校提升学生综合素质的路径探析[J].教育理论与实践,2013(18):27-28.

[25] 张鹏超,叶星.引入项目教学建好高职心理健康教育课程[J].中国高等教育,2013(12):54-56.

[26] 凌成树,仇大勇.高职学生就业理念及心理瓶颈研究[J].黑龙江高教研究,2013(4):94-97.

[27] 邱小艳,宋宏福.大学生心理健康教育课程体验式教学的实验研究[J].湖南师范大学教育科学学报,2013(1):95-98.

[28] 佐藤学,钟启泉,陈静静.教师的挑战:宁静的课堂革命[J].全球教育展望,2012(9):98.

[29] 韩雪军,朱玉东.高等教育课程内容的适切性:基于布鲁贝克《高等教育哲学》的启示[J].现代教育管理,2012(9):81-83.

[30] 俞国良,董妍.我国心理健康研究的现状、热点与发展趋势[J].教育研究,2012(6):97-102.

[31] 蓝琼丽,王勇健,熊少青.构建高职院校心理健康教育课程体系研究[J].广西社会科学,2012(4):175-177.

[32] 姜巧玲,胡凯.大学生网络心理健康教育研究进展与趋势[J].现代大学教育,2011(6):81-86,111.

[33] 鲍威,杨钋,朱红,等.强化教学适切性提升学生满意度:首都高校教学质量与学生发展状况调查报告[J].中国高等教育,2011(1):53-55,61.

[34] 王新波.大学生积极心理品质培养研究[J].中国特殊教育,2010(11):40-45.

[35] 刘海燕,宁淑芬.大学生心理健康教育课程教学需求的调查与思考[J].思想理论教育导刊,2010(9):98-101.

[36] 张晓荒.高职院校大学生心理健康教育存在的问题及其对策[J].广西社会科学,2010(1):157-160.

[37] 邱开金,周晓玲.高职心理健康教育课程体系研究[J].心理科学,2009(5):1259-1261.

[38] 王正莉,徐鸿.对高职大学生心理素质的调查和思考[J].中国国情国力,2009(9):30-32.

[39] 钟启泉.课堂转型:静悄悄的革命[J].上海教育科研,2009(3):4-6,57.

[40] 王滔,张大均,陈建文.我国大学生心理素质研究20年的回顾与反思[J].高等教育研究,2007(4):76-83.

[41] 张力威.高职学生心理素质教育简论[J].中国青年研究,2006(10):71-72.

[42] 裴利华.团体辅导在心理健康教育课程中的应用研究[J].中国心理卫生杂志,2006(8):527-530.

[43] 刘宝存.全人教育思潮的兴起与教育目标的转变[J].比较教育研究,

2004(9):17-22.

[44] 刘欣,徐海波.15年来中国心理卫生杂志有关大学生心理健康研究的总结[J].中国心理卫生杂志,2003(2):124-126.

[45] 冯婷婷,刘德建,黄璐璐,等.数字教育:应用、共享、创新:2024世界数字教育大会综述[J].中国电化教育,2024(3):20-36.

[46] 陈少金,牟惠康,马宁.学理阐释深层困局破局之径:基于"全人教育"理念提振高职学生自信心的三重观照[J].职业教育,2024(2):4-13.

[47] 林健.现代产业学院建设:主要共性问题分析及对策建议[J].高等工程教育研究,2024(1):1-9.

[48] 胡德鑫,逄丹丹,顾佩华.面向卓越工程师培养的现代产业学院高质量发展:目标、策略与路径[J].中国高教研究,2023(12):16-23,78.

[49] 李玉倩.新质生产力视角下行业产教融合共同体建设逻辑与路径[J].南京社会科学,2023(12):122-129.

[50] 张慧.大学生心理健康教育的困境及出路[J].中国电化教育,2023(12):99-105.

[51] 袁振国.教育数字化转型:转什么,怎么转[J].华东师范大学学报(教育科学版),2023(3):1-11.

[52] 焦建利.ChatGPT助推学校教育数字化转型:人工智能时代学什么与怎么教[J].中国远程教育,2023(4):16-23.

[53] 郭一凡.讲授法如何实现优质教学:一项课堂民族志研究[J].湖南师范大学教育科学学报,2023(1):66-77,88.

[54] 林健,耿乐乐.现代产业学院建设:培养新时代卓越工程师和促进产业发展的新途径[J].高等工程教育研究,2023(1):6-13.

[55] 祝智庭,胡姣.教育数字化转型:面向未来的教育"转基因"工程[J].开放教育研究,2022(5):12-19.

[56] 胡姣,彭红超,祝智庭.教育数字化转型的现实困境与突破路径[J].现代远程教育研究,2022(5):72-81.

[57] 刘国买,姜哲,李宁,等.组织创新视角下现代产业学院发展特征与变革路径:首批现代产业学院建设案例分析[J].高等工程教育研究,2022(5):80-86.

[58] 朱德全,熊晴.数字化转型如何重塑职业教育新生态[J].现代远程教育研究,2022(4):12-20.

[59] 李铭,韩锡斌,李梦,等.高等教育教学数字化转型的愿景、挑战与对策[J].中国电化教育,2022(7):23-30.

[60] 韩锡斌,陈香妤,刁均峰,等.高等教育教学数字化转型核心要素分析:基于学生和教师的视角[J].中国电化教育,2022(7):37-42.

[61] 吴砥,李环,尉小荣.教育数字化转型:国际背景、发展需求与推进路径[J].中国远程教育,2022(7):21-27,58,79.

[62] 赵凌云,胡中波.数字化:为智能时代教师队伍建设赋能[J].教育研究,2022(4):151-155.

[63] 祝智庭,胡姣.教育数字化转型的理论框架[J].中国教育学刊,2022(4):41-49.

[64] 祝智庭,胡姣.教育数字化转型的本质探析与研究展望[J].中国电化教育,2022(4):1-8,25.

[65] 赵蒙成.新时代劳动教育的本体价值与实践进路[J].现代教育管理,2022(2):38-47.

[66] 赵丽涛.思想政治教育数字化转型的范式构建与优化逻辑[J].思想理论教育,2022(2):46-51.

[67] 钟柏昌,刘晓凡.论"五育融合教育"[J].中国电化教育,2022(1):86-94,104.

[68] 祝智庭,胡姣.教育数字化转型的实践逻辑与发展机遇[J].电化教育研究,2022(1):5-15.

[69] 沈绮云,欧阳河,欧阳育良.产教融合目标达成度评价指标体系构建:基于德尔菲法和层次分析法的研究[J].高教探索,2021(12):

104-109.

[70] 张兵,邹一琴,蒋惠凤.共生视角下的地方本科院校产业学院建设 [J].高等工程教育研究,2021(4):125-132.

[71] 苏岚岚,彭艳玲.数字化教育、数字素养与农民数字生活[J].华南农业大学学报(社会科学版),2021(3):27-40.

[72] 沈希.以现代产业学院助推新时期产教融合[J].教育发展研究,2021(5):3.

[73] 丁凤,王蕴峰,欧阳护华,等.全人教育理念下的课程思政:以"交际英语"课程为例[J].中国外语,2021(2):91-96.

[74] 雷明镜,张华,武卫东,等."政产学研用"多元协同育人机制探索:以上海理工大学制冷空调产业学院(含山)为例[J].高等工程教育研究,2020(6):81-85.

[75] 孙国胜,薛春艳.生命教育视野下的大学生心理健康教育[J].学校党建与思想教育,2020(21):71-72.

[76] 陈春晓,王金剑.应用型本科高校产业学院发展现状、困境与对策 [J].高等工程教育研究,2020(4):131-136.

[77] 黄彬,姚宇华.新工科现代产业学院:逻辑与路径[J].高等工程教育研究,2019(6):37-43.

[78] 周序,张盈盈.论高校"课堂革命"的方向[J].高校教育管理,2019(6):88-94.

[79] 谢笑珍."产教融合"机理及其机制设计路径研究[J].高等工程教育研究,2019(5):81-87.

[80] 余文森,宋原,丁革民."课堂革命"与"金课"建设[J].中国大学教学,2019(9):22-28.

[81] 孙振忠,黄辉宇.现代产业学院协同共建的新模式:以东莞理工学院先进制造学院(长安)为例[J].高等工程教育研究,2019(4):40-45.

[82] 郝天聪,石伟平.从松散联结到实体嵌入:职业教育产教融合的困境

及其突破[J].教育研究,2019(7):102-110.

[83] 郭建鹏.翻转课堂教学模式:变式与统一[J].中国高教研究,2019
(6):8-14.

[84] 别敦荣.大学课堂革命的主要任务、重点、难点和突破口[J].中国高
教研究,2019(6):1-7.

[85] 李蕉.高校思想政治理论课"课堂革命"与协作学习[J].思想教育研
究,2019(2):82-86.

后　记

　　在时代的洪流中，新质生产力这艘破浪前行的巨轮，承载着党和国家面对新形势、新机遇、新要求的深邃思考与战略部署。自2023年9月习近平总书记在黑龙江考察期间首次提出这一理念以来，它便如一颗种子，在各级会议的强调与广泛学习中生根发芽，逐渐长成参天大树，成为全国瞩目的科学理论与行动纲领。新质生产力的发展，离不开各行业新质人才的坚实支撑与不懈奋斗，而新质人才的供给，则成了新质教育肩负的时代使命。高职教育作为类型教育的重要组成部分，更是迎来了发展的东风，成为本书创作的重要背景与不竭动力。

　　在本书的创作过程中，我深感荣幸能够站在新质生产力和职业教育相关理论得到充分重视的肩膀上，得以参阅海量的参考资料，汲取智慧的养分。同时，本书也是杭州万向职业技术学院历年来探索实践的结晶，凝聚了全人教育、课堂革命、数字化教育、产教融合、科教融汇等创新成果的精华。可以说，本书是学院全体同人多年研究与探索的智慧结晶，是他们辛勤耕耘的见证。在此，我要感谢学院院长牟惠康教授给予本书极大的关注和支持，感谢马宁老师对文字的精雕细琢，逐句审核，感谢姚晋珉老师对本书格式进行编排和调整，感谢唐夏韵老师、高彩云老师提供案例素材，为本书增添了生动的色彩，使理论与实践相得益彰。此外，我还要感谢浙江工商大学出版社的编辑们,为使本书能够按时出版,连续加班,牺牲了很多休息时间。感谢所有为本书付出努力的同人。作为高职教育领域的工作者,我时刻在时代发展的浪潮中思索高职教育的社会角色与发展趋势。在新质生产力的理论指引下,我略有小得,愿借此机会对二者关系略加论述,以期抛砖引玉。

一是职业教育在新质生产力中的功用。新质生产力的本质是先进生产力,其作为推动中国式现代化的重要引擎,为我国高等职业教育发展的目标和功能指明了方向,形成了引领。现阶段我国的职业教育要按照发展新质生产力的要求,建构一个以数据为支撑、智能为引导的个性化协同培养系统,源源不断地产出适应新技术、新业态、新模式的高素质高技能人才,以最大程度释放人力资源这一核心生产要素的创新潜能和生产效能,进而彰显职业教育这一类型教育在产业发展和技术创新方面的独特功用。可以说,在这一波新质生产力引领的发展中,职业教育迸发出了其强大的时代适应性和产业感召力。

二是新质生产力倒逼职业教育的改革。首先,在办学理念上,职业院校应根据新质生产力发展新要求,推动办学体系与运行机制多层次创新。完善学校管理体系,积极引入行业、企业等市场活力因素,锚定战略性新兴行业的发展动向,在学生培养、项目承接、产学研服务中形成委培、学徒、顶岗、生产实践项目等新型关系。其次,在教学模式上,以课堂革命为目标重建教学生态,提高教师在课堂中担任引领者、组织者、监督者等多元角色的能力。推进数字化元素融入教师、教法、教材的范畴。加强模拟、仿真数字化教学平台与实践应用载体建设。最后,在目标评价上,新质生产力下的人才不仅仅是能够开展科技攻关和具备娴熟技艺的"科研精英""大国工匠",更是具有匹配现代社会发展底层成长逻辑的素养的复合型创新者,比如正向稳定的心理状态、跨界协作的合作理念、创新学习的知识追求、共享开放的发展胸怀等。这些基础理念和职场启动状态的培养要求职业院校秉承全人教育等目标追求,在"三全五育"的体系内夯实进入职场的基础。

　　三是新时代新质教育的宏观方向展望。首先要教育碎片化，教育的主环节不再聚焦于课堂，而是在实训车间、小组活动、科研竞赛、项目对接等场域中，新质教育的内核与数字化的平台和理念是支持教育碎片化的核心动力。其次要教育终身化，不仅体现在时间维度上的纵向学习，还体现在跨界领域融合、团队协作共享等横向维度上。知识和技能的组合正变得越来越多元化。最后要教育公平化，通过技术手段，让优质教育资源能够覆盖到更广泛的地区和人群，缩小城乡、区域之间的教育差距，让每个孩子都能享受到公平而有质量的教育。

　　前路虽苍茫，但探索永不止步。理论的发展需要实践的深入来支撑，而实践的指导依赖于理论的丰满与完善。新质教育的探索更是如此，它需要学校、教师、学生、企业、社会等多方面的共同努力才能理顺新质教育这个大系统和大格局的脉络。在新质生产力方兴未艾的现阶段，职业教育是我们值得为之付出和探索的国之所需、民之所系。我将持续在这个方向上奋发踔厉、笃行有为。最后，我要再次衷心感谢为本书做出努力、为教育事业辛苦耕耘的各位专家、同人，你们的付出与奉献我将永远铭记在心。

陈少金
2024 年 4 月